MANUEL

DE GYMNASTIQUE.

MANUEL DE GYMNASTIQUE.

BASES DE L'INSTRUCTION.

L'Instruction sur la Gymnastique se divise en cinq parties :

1re Partie. Gymnastique d'assouplissement.
2e —— Gymnastique appliquée.
3e —— Natation.
4e —— Boxe française.
5e —— Bâton et canne.

Chaque partie se divise en chapitres et chaque chapitre en articles.

La première fait partie intégrante de l'école du soldat; par suite les officiers, sous-officiers et caporaux doivent la connaître et être à même de l'enseigner.

Les deuxième et troisième parties, obligatoires pour la troupe, sont enseignées par des officiers instructeurs et des moniteurs, comme il sera expliqué ci-après, pages 37 et suivantes.

La mise à exécution des quatrième et cinquième parties est facultative; les exercices qui les composent sont mis surtout à la disposition des troupes pour leur permettre de remplacer, s'il y a lieu, et à défaut d'appareils, la gymnastique appliquée.

PREMIÈRE PARTIE.

GYMNASTIQUE D'ASSOUPLISSEMENT.

La gymnastique d'assouplissement comprend quatre chapitres.

CHAPITRE PREMIER.

EXERCICES D'ASSOUPLISSEMENT SANS ARMES.

Article Ier. — **Mouvements des bras.**

1. Mouvement horizontal (ou vertical ou latéral) des bras sans flexion, en 2 temps.
2. Mouvement horizontal (ou vertical) et latéral des bras sans flexion, en 3 temps.
3. Mouvement horizontal et vertical des bras sans flexion, en 4 temps.
4. Mouvement horizontal (ou vertical ou latéral) des bras avec flexion, en 4 temps.

5. Mouvement horizontal des avant-bras en 2 temps.
6. Rotation des bras (en avant ou en arrière) en 2 temps.

Article II. — Flexions du corps et des jambes.

1. Flexion du corps en avant et en arrière, en 2 temps.
2. Flexion du corps en avant et en arrière et mouvement vertical des bras sans flexion, en 2 temps.
3. Flexion des extrémités inférieures en 2 temps.
4. Flexion des extrémités inférieures et mouvement horizontal (ou vertical ou latéral) des bras sans flexion, en 2 temps.
5. Flexion de la cuisse et de la jambe, cadence modérée, accélérée, ou gymnastique, en 2 temps.
6. Flexion de la cuisse et de la jambe, cadence accélérée, et mouvement horizontal (ou vertical ou latéral) des bras avec flexion, en 4 temps.

CHAPITRE II.

COURSES ET SAUTS SANS ARMES.

Article Iᵉʳ. — Courses.

Article II. — Sauts.

1. Saut en largeur en avant à pieds joints, en 2 temps.
2. Saut en hauteur en avant à pieds joints, en 2 temps.
3. Saut en profondeur en avant à pieds joints, en 2 temps.
4. Saut en largeur en avant précédé d'une course, en 2 temps.
5. Saut en hauteur en avant précédé d'une course, en 2 temps.
6. Saut continu précédé d'une course, par entraînement progressif.

CHAPITRE III.

EXERCICES D'ASSOUPLISSEMENT AVEC ARMES.

Article unique. — Mouvements des bras, flexions du corps et des jambes.

CHAPITRE IV.

COURSES ET SAUTS AVEC ARMES.

Article Ier. — **Courses.**

Article II. — **Sauts.**

RÈGLES GÉNÉRALES.

La gymnastique d'assouplissement faisant partie de l'école du soldat, est dirigée par les commandants de compagnies.

Quand on fera exécuter soit aux recrues, soit aux anciens soldats, le premier chapitre de la première partie de l'école du soldat, on devra consacrer la première pause de chaque séance aux exercices d'assouplissement, d'abord sans armes, puis avec le fusil sans baïonnette; quand on leur fera exécuter le second chapitre, la première pause de chaque séance sera consacrée aux exercices d'assouplissement avec le fusil muni de la baïonnette.

Les courses et les sauts sans armes, avec armes, puis avec armes et bagages, seront le complément de l'école du soldat.

Les mouvements d'assouplissement ont lieu par groupe représentant une fraction constitutive de la compagnie, chaque fraction étant commandée par son chef respectif.

Les hommes sont placés à 4 pas les uns des autres sur deux rangs distants également de 4 pas.

Les soldats étant ainsi à 4 pas d'intervalle et à la position du soldat sans armes, prise au commandement de GARDE À VOUS, l'instructeur commande : COMMENCEZ (après avoir pris, s'il y a lieu, la position préalable indiquée par le commandement de : EN POSITION, si le mouvement le comporte) et CESSEZ, pour terminer le mouvement et reprendre la position du soldat sans armes.

Les mouvements sont exécutés les poings fermés, et les temps sont comptés à haute voix et avec énergie jusqu'au commandement de CESSEZ.

Les bras tendus horizontalement en avant ou verticalement en l'air, sont toujours placés parallèlement à l'écartement des épaules, les poings fermés, les ongles en dedans.

La cadence est d'abord modérée (76 par minute), afin de rendre les mouvements familiers; elle devient accélérée (115 par minute) pour tous les mouvements des bras et des jambes, et n'est maintenue modérée que pour les flexions du corps et celles des extrémités inférieures.

Tous les mouvements doivent être faits avec la plus grande régularité et avec une extrême précision.

On doit faire observer le rhythme, la cadence, et exiger l'énergie et l'ensemble dans l'exécution et une immobilité complète après le mouvement accompli.

Aucune négligence ne doit être tolérée.

Pour tous les exercices d'assouplissement, au commandement de GARDE À VOUS, les hommes prennent la position du soldat sans armes ou la position du soldat reposé sur l'arme.

CHAPITRE PREMIER.

EXERCICES D'ASSOUPLISSEMENT SANS ARMES.

Art. Ier. — Mouvements des bras.

Mouvement horizontal (ou vertical ou latéral) des bras sans flexion, en 2 temps.

COMMENCEZ.

CESSEZ.

Fig. 1.

1. Élever vivement les bras horizontalement (ou verticalement ou latéralement) sans les fléchir (fig. 1 ou 2).

2. Les abaisser tendus dans le rang.

Mouvement horizontal (ou vertical) et latéral des bras sans flexion, en 3 temps.

COMMENCEZ.

CESSEZ.

1. Élever les bras tendus horizontalement (ou verticalement).

2. Étendre (ou abaisser) les bras horizontalement sur le côté.

3. Replacer les bras dans le rang.

Mouvement horizontal et vertical des bras sans flexion, en 4 temps.

COMMENCEZ.

CESSEZ.

1. Élever les bras tendus horizontalement en avant.

2. Les porter tendus verticalement en l'air.

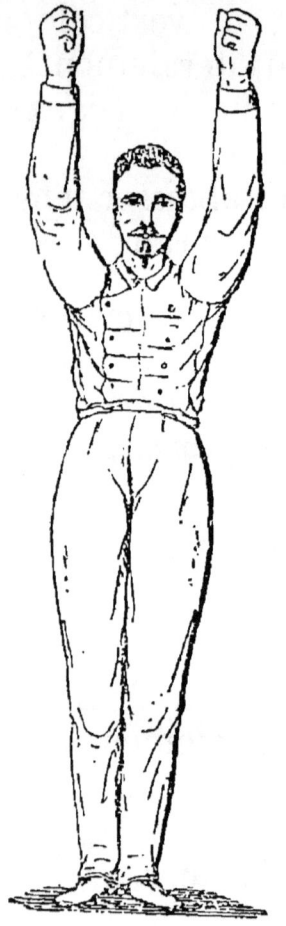

Fig. 2.

Fig. 3.

3. Les ramener horizontalement en avant.
4. Les replacer dans le rang.

Mouvement horizontal (ou vertical ou latéral) des bras avec flexion, en 4 temps.

COMMENCEZ.

CESSEZ.

1. Tourner le dessus de la main en avant,

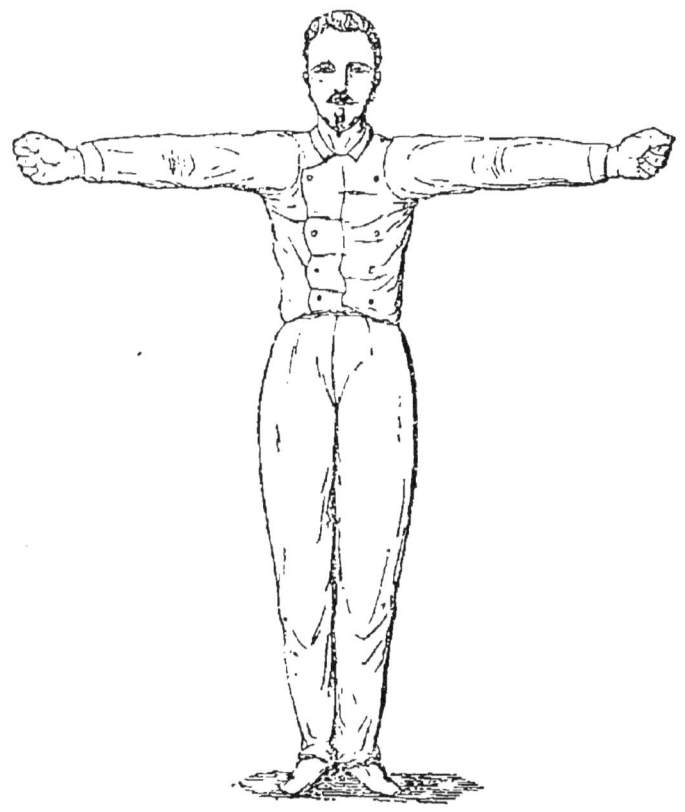

Fig. 4.

élever les poings en les faisant glisser le long des cuisses et des hanches jusqu'aux aisselles et en leur imprimant un mouvement de rotation en dehors (fig. 3).

2. Allonger vivement les bras en les lançant horizontalement (ou verticalement ou latéralement), le corps droit (fig. 1, 2 ou 4).

3. Ramener les poings à hauteur des épaules, les coudes ouverts.

4. Imprimer aux poings un mouvement de rotation en dedans et les ramener énergiquement dans le rang.

Mouvement horizontal des avant-bras en 2 temps.

EN POSITION.

COMMENCEZ.

CESSEZ.

Fig. 5.

EN POSITION. Élever les bras tendus parallèlement en avant (fig. 1).

1. Retirer vivement les coudes en arrière, les bras fléchis, les poings à la hauteur de la ceinture (fig. 5), rapporter ensuite les bras tendus en avant à la première position.

2. Répéter le premier temps et continuer ainsi en comptant 1 et 2.

Rotation des bras en avant (ou en arrière) en 2 temps.

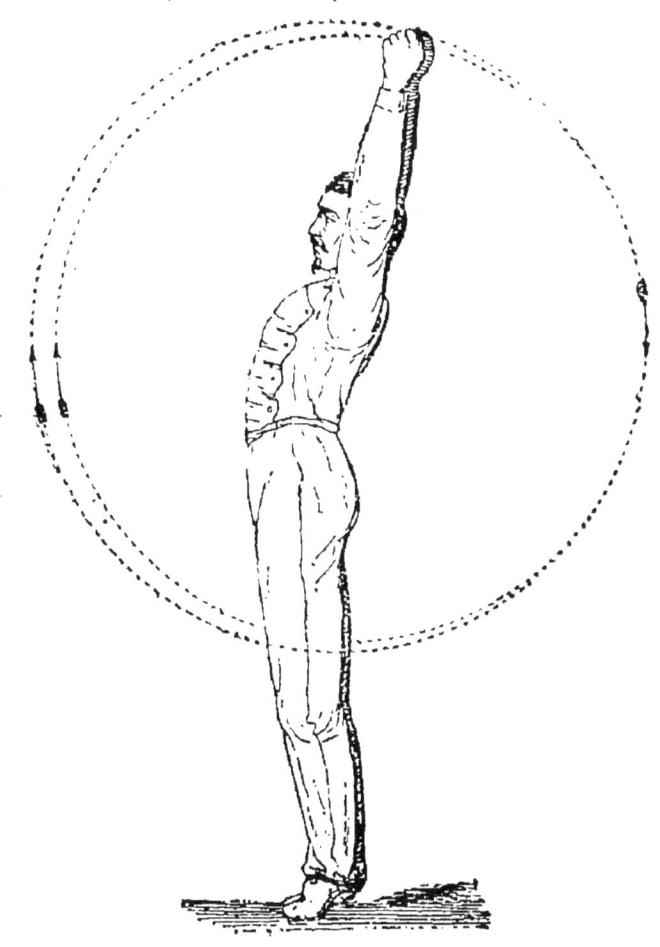

Fig. 6.

COMMENCEZ.

CESSEZ.

1. Faire décrire aux bras tendus un cercle de bas en haut (ou de haut en bas), les poings rasant les cuisses, en élevant le corps sur la plante des pieds (fig. 6).

2. Répéter le premier temps et continuer ainsi en comptant alternativement *un* et *deux* lorsque les poings rasent les cuisses.

Art. II. — Flexions du corps et des jambes.

Flexion du corps en avant et en arrière en 2 temps.

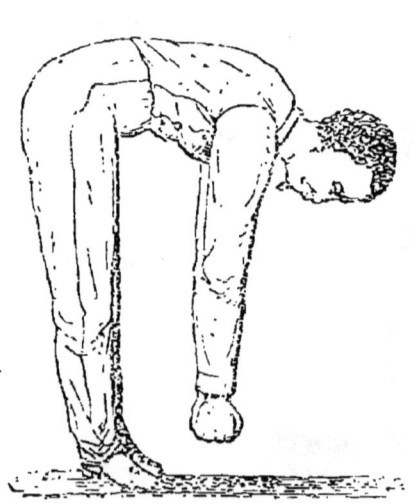

Fig. 7.

COMMENCEZ.

CESSEZ.

1. Fléchir le plus possible le corps en avant, les jambes tendues, les pieds restant à plat, les bras allongés vers le sol (fig. 7).

2. Redresser le corps, le courber

lentement en arrière en creusant les reins et en ramenant les poings à hauteur des hanches, les coudes en arrière et détachés du corps, les jambes un peu fléchies, les pieds restant à plat, la tête suivant le mouvement du corps (fig. 8).

Fig. 8.

Flexion du corps en avant et en arrière et mouvement vertical des bras sans flexion, en 2 temps.

COMMENCEZ.

CESSEZ.

1. Exécuter la flexion du corps en avant (fig. 7).
2. Exécuter la flexion du corps en arrière en élevant les bras tendus verticalement, la tête penchée en arrière, les yeux suivant le mouvement des poings (fig. 9).

Flexion des extrémités inférieures en 2 temps.

EN POSITION.

2.

COMMENCEZ.

CESSEZ.

En position. Réunir la pointe des pieds en portant le poids du corps en avant.

1. Abaisser lentement le corps en ployant les jambes, les cuisses contre les mollets, les bras pendant naturellement, le poids du corps portant sur la plante des pieds (fig. 10).

2. Se relever graduellement le corps d'aplomb.

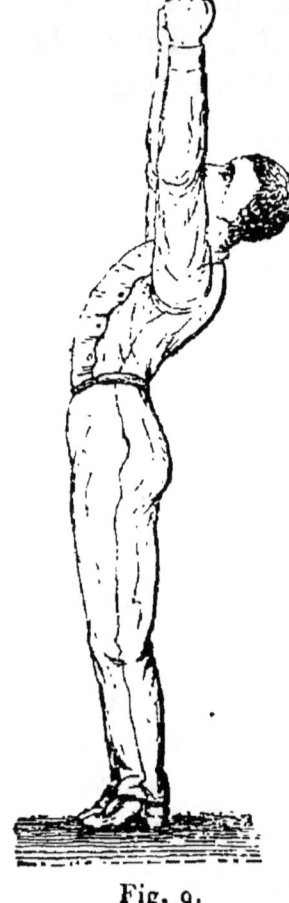

Fig. 9.

Flexion des extrémités inférieures et mouvement horizontal (ou vertical ou latéral) des bras sans flexion, en 2 temps.

EN POSITION.

COMMENCEZ.

CESSEZ.

En position. Réunir la pointe des pieds.

1. Fléchir les extrémités inférieures en ployant les jambes et élever simultanément

les bras tendus horizontalement (ou verticalement ou latéralement) (fig. 11).

2. Se relever graduellement, le corps d'aplomb, et replacer les bras tendus dans le rang.

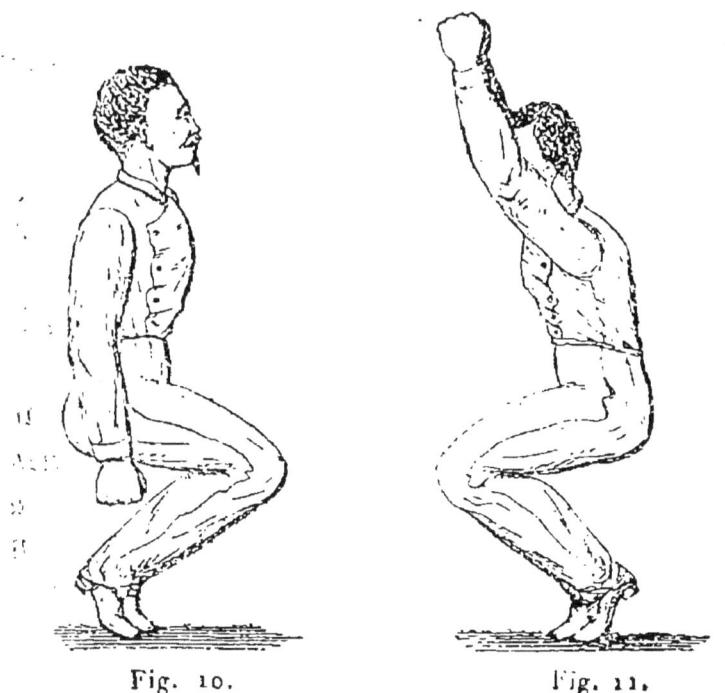

Fig. 10.   Fig. 11.

Flexion de la cuisse et de la jambe, cadence modérée (accélérée ou gymnastique), en 2 temps.

COMMENCEZ.

CESSEZ.

22   MANUEL

Nota. Au commandement de : *cadence gymnastique,* placer les mains à hauteur des hanches, les doigts fermés, les ongles en dedans, les coudes en arrière.

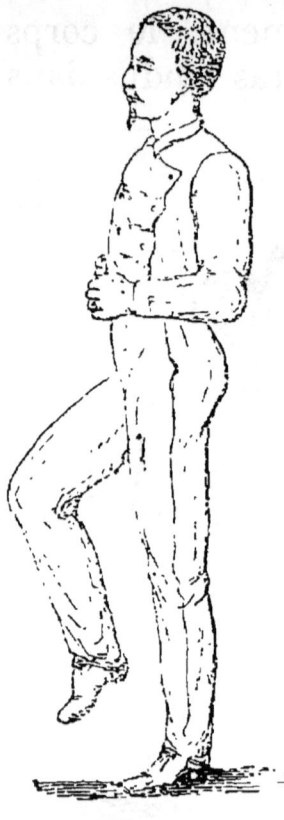

Fig. 12.

1. Élever le genou gauche (la cuisse la plus rapprochée du corps dans la cadence modérée, la cuisse horizontale à la cadence accélérée, la cuisse peu fléchie à la cadence gymnastique), la jambe tombant naturellement, la pointe du pied baissée et légèrement tournée en dehors, poser le pied à terre à la position (fig. 12).

2. Même mouvement de la jambe droite.

Flexion de la cuisse et de la jambe, cadence accélérée, et mouvement horizontal (ou vertical ou latéral) des bras avec flexion, en 4 temps.

COMMENCEZ.

CESSEZ.

Fléchissant la cuisse et la jambe à la cadence accélérée,

1° Fléchir les bras, les poings aux aisselles;
2° Les élever tendus;
3° Les ramener fléchis, les poings à hauteur des épaules;
4° Les replacer dans le rang.

CHAPITRE II.

COURSES ET SAUTS SANS ARMES.

Art. Iᵉʳ. — Courses.

Les hommes seront exercés à des courses graduées dans lesquelles on s'attachera à maintenir, sans la dépasser, l'allure au pas gymnastique, à la vitesse de 170 pas par minute, de façon à parcourir environ :

100 mètres (125 pas) en 45 secondes,
1 kilomètre en 7 minutes 1/2,
Une demi-lieue en un quart d'heure environ.

On exécutera les courses en se conformant aux prescriptions énoncées dans le tableau ci-après :

SÉANCES.	DISTANCES PARCOURUES.	DÉTAIL de la DISTANCE PARCOURUE		NOMBRE DE REPRISES.	LONGUEUR du TRAIT PARCOURU alternativement	
		au pas gymnastique.	au pas accéléré.		au pas gymnastique.	au pas accéléré.
1ʳᵉ et 2ᵉ	800ᵐ	400ᵐ	400ᵐ	4	100ᵐ	100ᵐ
3ᵉ et 4ᵉ	1200	600	600	3	200	200
5ᵉ et 6ᵉ	1500	900	600	3	300	200
7ᵉ et 8ᵉ	1800	1200	600	3	400	200
9ᵉ et 10ᵉ	2100	1500	600	3	500	200

Il sera avantageux de faire exécuter la course en commun par tous les hommes d'une compagnie ou d'un bataillon.

Les hommes seront aussi exercés à des courses *dites de vélocité,* qui ne devront pas dépasser 150 mètres.

Les principes sont les mêmes que pour le pas gymnastique; seulement, on devra déterminer la plus grande vitesse possible.

Les courses seront faites d'abord sur un

terrain plat sans obstacle, puis sur un terrain accidenté semé d'obstacles où l'homme trouvera à faire l'application des différents sauts.

On interrompra quelquefois les courses subitement par des exercices à commandement exécutés avec une grande précision.

Art. II. — Sauts.

Pour les sauts sans armes, on se conformera aux principes suivants :

Avoir les poings fermés et retenir sa respiration pendant le saut.

Tomber à terre en fléchissant sur la pointe des pieds réunis et porter, au moment de la chute, les bras tendus en l'air et à l'écartement des épaules; se redresser après la chute aussitôt après avoir fléchi.

Dans les sauts de pied ferme, réunir la pointe des pieds aussitôt l'énonciation du saut à exécuter. Pour les sauts précédés d'une course, les hommes sont par groupe et disposés sur un rang par le flanc, la tête du rang à 12 ou 15 pas du sautoir ou de l'obstacle à franchir.

On augmentera graduellement les dimensions de l'obstacle à franchir, mais sans jamais exiger un saut en profondeur de plus de 3 mètres.

Dans les temps froids, on s'abstiendra de faire exécuter les sauts qui exigent de violents efforts.

ATTENTION.

Saut en largeur en avant à pieds joints, en 2 temps.

UN.

DEUX.

Fig. 13.

1. Fléchir les extrémités inférieures, les talons légèrement élevés, en portant le haut du corps en avant et en tendant les bras en arrière (fig. 13).

2. Étendre brusquement les jarrets, s'élancer en jetant les bras en avant, franchir la distance ou l'obstacle, tomber d'après les principes (fig. 14).

ATTENTION.

Saut en hauteur en avant à pieds joints, en 2 temps.

UN.

DEUX.

Fig. 14.

1. Fléchir sur les jambes en tendant les bras en arrière (fig. 13).

2. S'enlever par une flexion simultanée des cuisses et des jambes en lançant les bras en l'air pour aider à l'ascension du corps, et tomber d'après les principes (fig. 15).

ATTENTION.

Saut en profondeur en avant à pieds joints, en 2 temps.

UN.

DEUX.

1. Se placer sur l'élévation, la pointe

des pieds en saillie d'environ 0ᵐ,05 ; fléchir les jambes pour diminuer la hauteur du corps et se laisser glisser en allongeant les jambes (fig. 16).

2. Élever les bras en l'air pendant la chute et tomber le plus près possible de l'appareil d'après les principes (fig. 17).

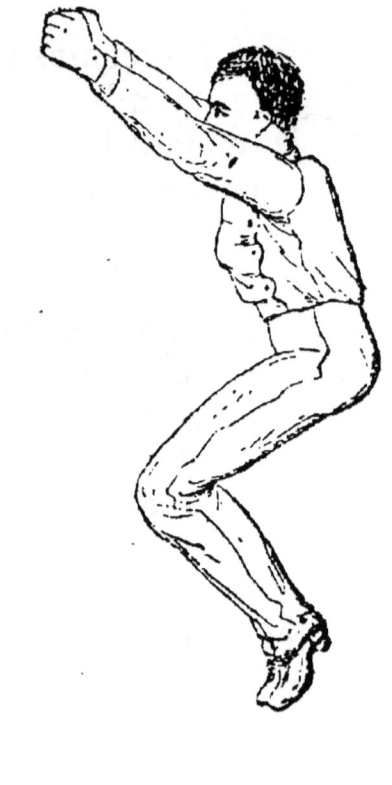

Fig.

Saut en largeur en avant précédé d'une course, en 2 temps.

1. Se placer à 12 ou 15 pas du sautoir ou du fossé; se porter en avant au pas gymnastique en observant les principes; précipiter la course et raccourcir le pas à 7 ou 8 pas de l'obstacle; frapper vigoureusement le sol

de l'un ou l'autre pied pour s'enlever en réunissant et en ployant les jambes, les bras en avant, et franchir la distance ou l'obstacle, le corps ramassé.

2. Tomber d'après les principes.

Saut en hauteur en avant précédé d'une course, en 2 temps.

1. Se placer à 12 ou 15 pas du sautoir; se porter en avant au pas gymnastique en observant les principes; prendre appui sur l'un ou l'autre pied pour s'enlever de bas en haut par une flexion simultanée des cuisses et des jambes,

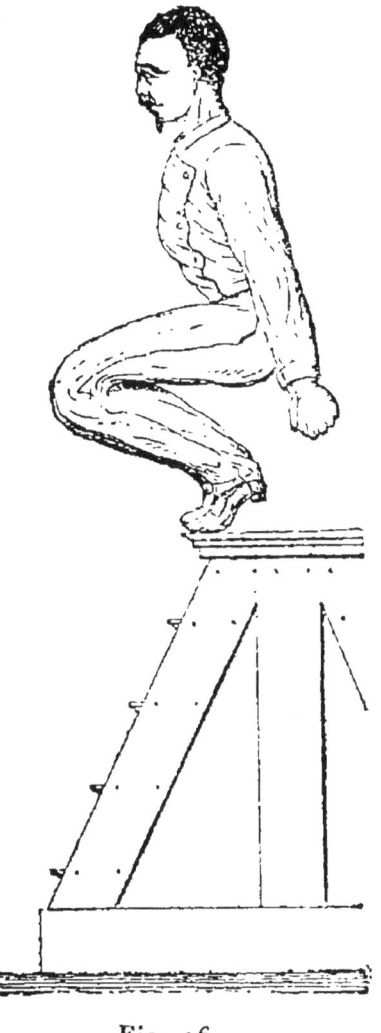

Fig. 16.

et franchir l'obstacle en lançant les bras en l'air.

2. Tomber d'après les principes.

Fig. 17.

Sauts continus précédés d'une course, par entraînement progressif.

Les hommes du groupe étant placés en file les uns derrière les autres, les faire partir successivement en ménageant entre eux un intervalle de 5 pas et leur faire appliquer individuellement avec principes les sauts prescrits en largeur et hauteur; leur faire reprendre, après le saut, le pas gymnastique pour venir un à un se replacer à la queue du groupe et sauter de nouveau dans le même ordre; prolonger ce mouvement continu jusqu'à ce que l'instructeur juge à propos de l'arrêter.

CHAPITRE III.

EXERCICES D'ASSOUPLISSEMENT AVEC ARMES.

Article unique. — **Mouvements des bras et flexions du corps et des jambes.**

Les exercices d'assouplissement avec armes comportent les mêmes séries de mouvements que sans armes, moins la rotation des bras et les mouvements latéraux.

Ils sont exécutés d'abord avec le fusil sans baïonnette, puis avec le fusil muni de la baïonnette, d'après les mêmes commandements et les mêmes principes que sans armes.

Les hommes et les rangs seront espacés de 4 pas.

Le soldat étant au port d'armes, l'instructeur commandera :

Placer l'arme devant le corps, en 2 temps.

EN POSITION.

1. Saisir l'arme avec la main gauche au-dessous et près de la grenadière (ou entre l'embouchoir et la grenadière si l'arme est munie de sa baïonnette).

2. Allonger le bras droit en abattant l'arme horizontalement devant le corps, saisir en même temps la poignée de la main droite et tourner la main gauche, la paume en dedans, la baguette en dessous.

CHAPITRE IV.

COURSES ET SAUTS AVEC ARMES.

Art. Ier. — Courses graduées avec armes.

La progression prescrite pour les courses sans armes sera ensuite parcourue, d'abord avec armes, puis avec armes et bagages, en ayant soin de n'arriver que progressivement à la charge réglementaire du sac ; les soldats auront l'arme sur l'épaule droite et tiendront le fourreau du sabre de la main gauche.

Art. II. — Sauts avec armes.

Les différents sauts pratiqués sans armes seront répétés progressivement avec armes, puis avec armes et bagages, d'abord en terrain plat, ensuite en terrain accidenté.

Le saut en profondeur ne sera exécuté avec armes que d'une hauteur de 2 mètres au plus.

Dans la course pour le saut avec armes, le soldat tient le fourreau du sabre-baïonnette de la main gauche et porte son fusil horizontalement en équilibre de la main droite, le bout du canon en avant, et tombe en relevant l'arme afin d'atténuer la chute et d'éviter que le fusil ne heurte le sol.

Les courses et les sauts seront toujours suivis de mouvements rigides en ordre serré.

Il sera avantageux, quand on le pourra, de faire exécuter les courses et les sauts dans une piste avec obstacles, d'abord sans armes et individuellement, puis avec ordre et ensemble, et enfin progressivement avec armes et bagages.

La piste pourra être disposée sur l'un des côtés du terrain de manœuvre et devra compter, au nombre des obstacles, au moins un saut en profondeur et un mur d'assaut.

Modèle de piste avec obstacles.

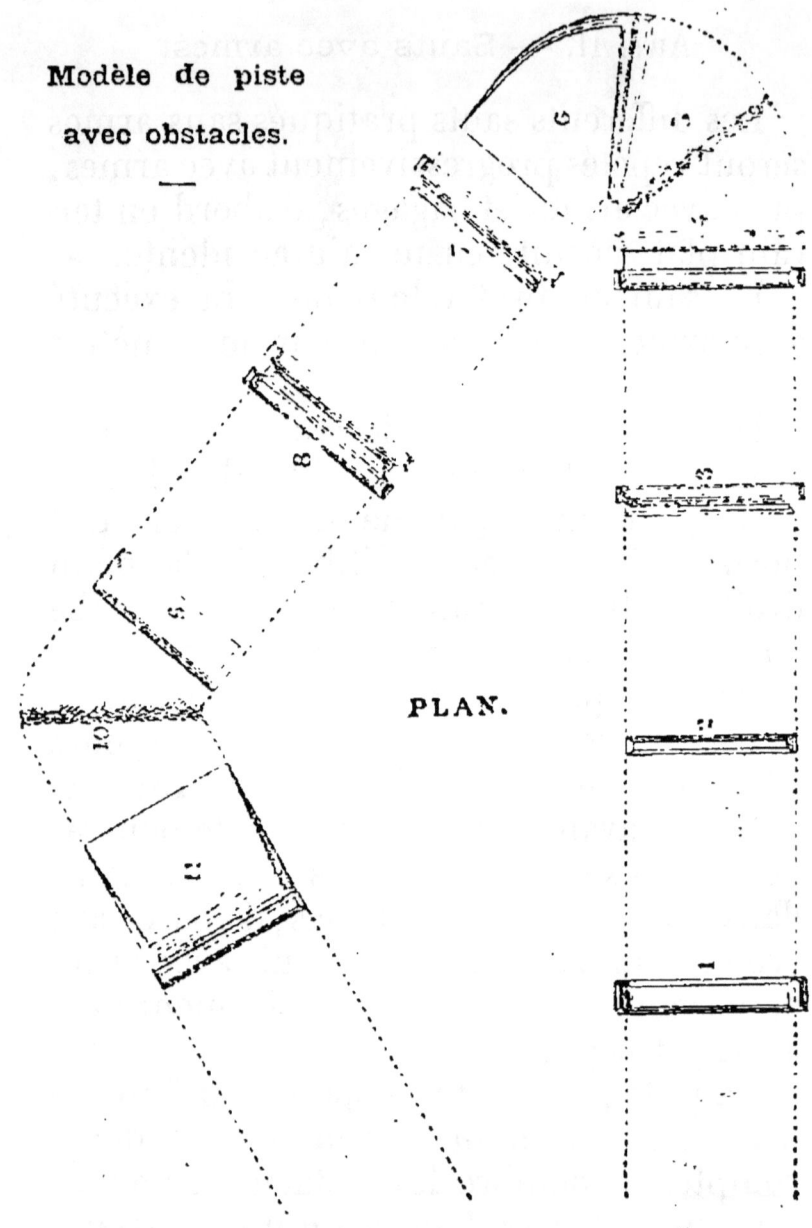

PLAN.

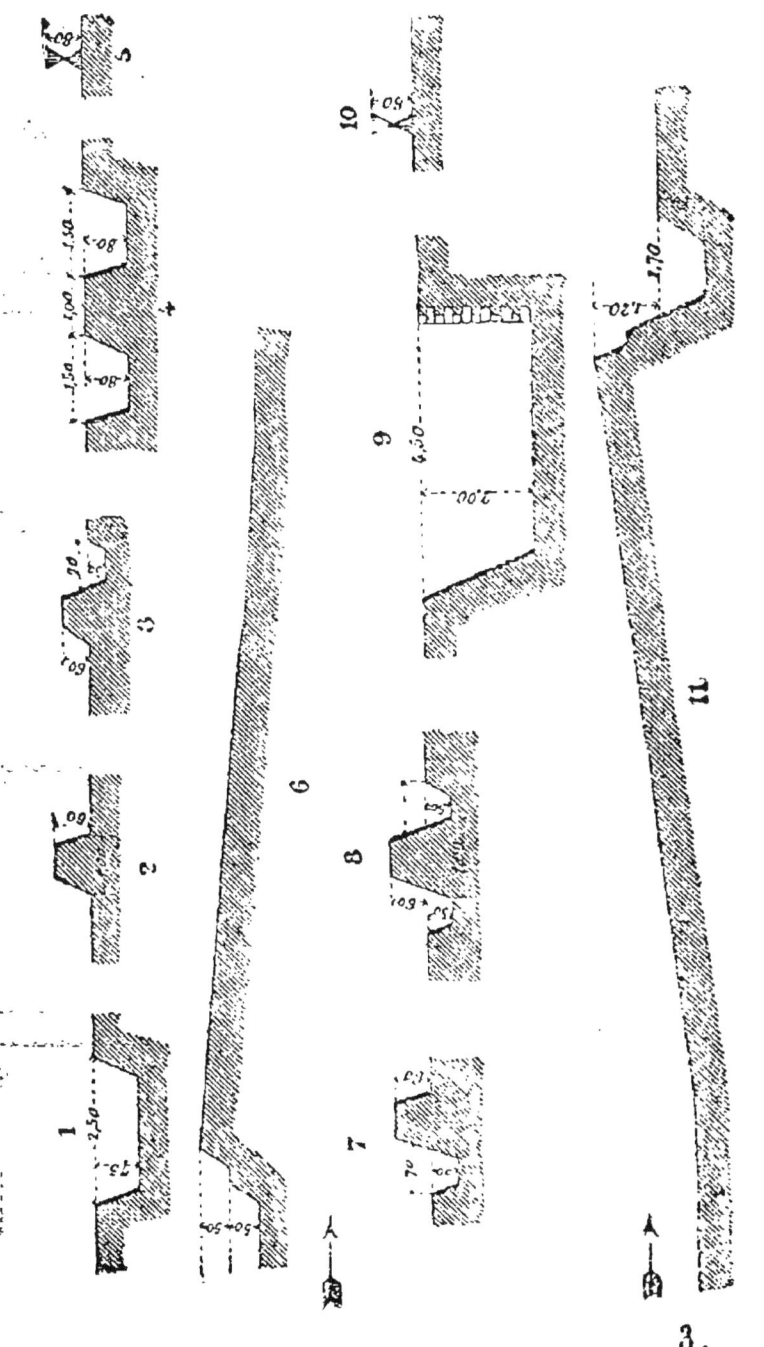

3.

À défaut de piste, on fera exécuter le franchissement d'obstacles dans les champs, toutes les fois qu'on trouvera un terrain favorable.

Les fractions constitutives de la compagnie, commandées par leurs chefs, seront placées en colonne serrée face aux obstacles à franchir, les hommes ayant entre eux un intervalle de 1^m,50; chacune d'elles partira au pas gymnastique au commandement de son chef, qui sera placé comme guide; les obstacles seront franchis au commandement de : PARTEZ, qui sera fait à 4 ou 5 mètres avant d'y arriver; le pas gymnastique sera repris ensuite pendant toute la durée de la course.

DEUXIÈME PARTIE.

GYMNASTIQUE APPLIQUÉE.

La gymnastique appliquée comprend deux chapitres, et chaque chapitre, cinq articles. Le premier chapitre embrasse les exercices aux appareils, le second les exercices au portique et à ses agrès.

RÈGLES GÉNÉRALES.

L'enseignement de la gymnastique appliquée est dirigé, dans chaque corps, par un capitaine et, dans chaque bataillon formant corps ou détachement, par un lieutenant ou sous-lieutenant, pris, autant que possible, parmi les officiers ayant suivi un cours à l'École normale militaire de gymnastique. Les attributions de cet officier instructeur consistent :

1° A former les moniteurs choisis parmi les sous-officiers, caporaux et soldats qui montrent le plus de dispositions ;

2° A diriger l'instruction gymnastique des autres hommes.

Dans chaque régiment, le capitaine instructeur a sous ses ordres deux lieutenants ou sous-lieutenants adjoints, ainsi que tous les moniteurs et élèves moniteurs.

Il soumet, chaque année, à l'approbation du lieutenant-colonel, l'état des sous-officiers, caporaux et soldats nécessaires à l'enseignement. Ces militairse sont choisis parmi ceux qui ont le plus d'aptitude et, autant que possible, en nombre égal dans chaque compagnie, à raison d'un moniteur pour 10 à 15 hommes.

Le travail aux appareils et aux agrès a lieu par groupes de 10 à 15 hommes, mis chacun sous les ordres d'un moniteur, sous la surveillance des officiers instructeurs.

Les soldats sont placés sur un rang, sur le même alignement, et numérotés de la droite à la gauche. Ils sont munis d'une ceinture.

Le rang est placé parallèlement et à 3 pas de l'appareil ou agrès où doit s'exécuter le travail; les hommes sont successivement appelés à s'exercer, en commençant par la droite du rang; chacun d'eux est désigné par son numéro; il se reporte à la gauche du rang après avoir exécuté l'exercice en cours d'enseignement; sans être astreints à l'immobilité, ils doivent observer un ordre et un silence relatifs et être attentifs aux démonstrations et aux explications du moniteur.

Sous le rapport de la gymnastique appliquée, les soldats sont divisés en 3 classes; le classement a lieu tous les trois mois; la 3e classe comprend les hommes de recrues et ceux qui manquent d'aptitude.

Les 2e et 1re classes se composent des militaires qui, à la fin du trimestre, obtiennent la mention *bien* ou *très-bien*.

Le classement est fait dans chaque corps ou fraction de corps par l'officier directeur et remis aux compagnies après l'approbation du lieutenant-colonel; il est affiché dans les chambres et porté sur le livret individuel.

La 3ᵉ classe est exercée une fois par jour, et les 1ʳᵉ et 2ᵉ le sont trois fois par semaine.

Rôle du moniteur.

Le moniteur ne fait exécuter que les exercices décrits dans le Manuel; il ne tolère dans aucun cas que les hommes se laissent entraîner à des actes exagérés de force ou d'adresse, qui pourraient occasionner des accidents et compromettre sa responsabilité personnelle. Le moniteur exécute d'abord le mouvement le plus lentement possible, afin d'en bien faire comprendre tous les détails. Il le fait exécuter ensuite par l'élève, en se tenant toujours à sa portée, de manière à l'aider, s'il en a besoin, ou à le soutenir, s'il risque de se blesser.

Place du moniteur.

1° *Dans les sauts et chutes*. — Le moniteur se place au point de chute, afin de maintenir l'élève en équilibre.

2° *Aux barres à suspension, poutre, échelles, cordes, perches et planche à rétablissement.* — A terre, de manière à maintenir l'élève : dans les rétablissements et les tractions, par les reins, les fesses et les jambes successivement, pour lui faciliter l'action de soulever les jambes ; dans les renversements, une main aux fesses et l'autre à l'épaule, en ayant soin de n'abandonner cette dernière, que lorsque l'élève est en équilibre au-dessus de l'appareil.

3° *Aux barres parallèles.* — En dehors des barres, du côté opposé à la chute ; une main saisissant les jambes à l'arrivée de l'élève pour les élever et les faire passer par-dessus les barres, l'autre soutenant le corps sous l'aisselle pour empêcher les bras de fléchir.

L'élève moniteur se place du côté de la chute.

Dans les mouvements de translation sur les poignets, tenir l'élève sous l'aisselle et par la ceinture.

4° *Au trapèze et aux anneaux.* — Sur le côté, se tenant prêt à arrêter le balancement, à maintenir les anneaux à leur écartement naturel, à soutenir l'élève par les épaules pour atténuer la secousse qui a lieu surtout dans les renversements en avant et en arrière, et éviter ainsi la dislocation.

Soutenir l'élève par le cou-de-pied, lorsqu'il est assis sur la base du trapèze, de manière à prévenir la chute en avant.

L'élève moniteur se place sur le côté opposé.

5° *Au portique.* — Pour les passages : devant et derrière (voir le tableau annexé au 1ᵉʳ article du 2ᵉ chapitre).

Pour les mouvements : au point où l'élève doit exécuter.

L'élève moniteur reste sur la plate-forme pour veiller au départ.

En principe, tous les mouvements aux appareils sont préparés par le commandement de : ATTENTION, exécutés par celui de : COMMENCEZ, et terminés par celui de : À TERRE ; à ce dernier commandement, raccourcir légèrement les bras, lâcher l'appareil et tomber d'après les principes des sauts en profondeur.

Dans toutes les suspensions, les mains doivent se trouver à l'écartement des épaules les jambes réunies et allongées, la pointe du pied basse.

Les suspensions aux barres peuvent se faire également la paume des mains tournée vers le corps.

CHAPITRE PREMIER.

EXERCICES AUX APPAREILS.

Article Ier. — **Barre à suspension.**

1er Exercice. — Suspension par les mains (ou par une main) en 3 temps.

2e Exercice. — Suspension par les mains et les pieds (ou une main et un pied) en 2 temps.

3e Exercice. — Élever la tête au-dessus de la barre en 2 temps.

4e Exercice. — Translation latérale vers la droite (ou vers la gauche) en 2 temps.

5e Exercice. — Translation par le

flanc droit (ou gauche) en avant (ou en arrière) en 2 temps.

6ᵉ Exercice. — S'élancer à la barre et sauter à terre en avant, en 2 temps.

7ᵉ Exercice. — Translation par brasses vers la droite (ou vers la gauche) en 2 temps.

8ᵉ Exercice. — Rétablissement sur la jambe droite (ou gauche) et sur les avant-bras en 5 temps (avec ou sans balancement). Descendre à la force des poignets en 2 temps.

9ᵉ Exercice. — Rétablissement sur la jambe droite (ou gauche) et sur les poignets en 4 temps. Descendre à la force des poignets en 2 temps.

10ᵉ Exercice. — Rétablissement par renversement en 3 temps.

11ᵉ Exercice. — Rétablissement sur les avant-bras en 4 temps. Descendre par un saut en avant en 2 temps.

12ᵉ Exercice. — Rétablissement alternatif sur les poignets en 4 temps. Descendre à volonté.

Article II. — Barres parallèles.

1er Exercice. — Se renverser en arrière étant assis et se relever en 2 temps.

2e Exercice. — Se porter en avant (ou en arrière) par un mouvement alternatif des mains en 2 temps.

3e Exercice. — Porter les jambes alternativement en avant (ou en arrière) sur l'une ou l'autre barre en 3 temps. S'asseoir et sauter à terre en 3 temps.

4e Exercice. — Porter les jambes réunies sur une barre puis directement sur la barre opposée en avant (ou en arrière) en 2 temps. — Sauter à terre en arrière par voltige en 3 temps.

5e Exercice. — Franchir avec balancement une barre en arrière en 3 temps (ou en avant en 4 temps).

6e Exercice. — Se porter en avant (ou en arrière) par saccades avec (ou sans) flexion des jambes, en 1 temps.

7e Exercice. — Descendre le corps et

le remonter par la flexion et l'extension des bras en 2 temps.

8ᵉ Exercice. — Porter les jambes alternativement sur l'une ou l'autre barre avec balancement en croisant le mouvement, en 4 temps. — Franchir une barre en arrière en 3 temps.

9ᵉ Exercice. — Se porter en avant (ou en arrière) en se mettant à cheval sur les deux barres en 3 temps.

10ᵉ Exercice. — Franchir les barres avec élan en 3 (4 ou 2) temps.

Art. III. — Échelle horizontale.

1ᵉʳ Exercice. — Élever la tête le plus haut possible au-dessus de un (ou deux) échelons ou montants en 2 temps.

2ᵉ Exercice. — Se porter vers la droite (ou vers la gauche) à un montant en 2 temps.

3ᵉ Exercice. — Se porter en avant (ou en arrière) par les montants en 2 temps.

4ᵉ Exercice. — Se porter en avant (ou en arrière) en plaçant alternativement les mains sur le même échelon en 2 temps.

5ᵉ Exercice. — Se porter en avant (ou en arrière) en plaçant alternativement les mains sur un échelon différent en 2 temps.

6ᵉ Exercice. — Translation aux montants et aux échelons en 2 temps.

On exécute encore à l'échelle horizontale les six derniers exercices décrits à la barre à suspension (article 1ᵉʳ).

Art. IV. — Poutre horizontale.

1ᵉʳ Exercice. — Étant à cheval, se mouvoir en avant (ou en arrière) en 2 temps. — Sauter à terre par voltige en arrière en 4 temps.

2ᵉ Exercice. — Étant debout, marcher en avant en 2 temps. — Se mettre à cheval en 2 temps. — Se remettre debout en 2 temps. — Sauter à terre à droite (ou à gauche) en 2 temps.

3ᵉ Exercice. — Courir sur la poutre en 2 temps et sauter à terre à droite (ou à gauche) en 2 temps.

4ᵉ Exercice. — Se mouvoir à l'aide des pieds et des mains en 2 temps.

5ᵉ Exercice. — Se mettre à cheval en 2 temps. — Étant à cheval faire face en arrière en 2 temps. Sauter à terre par voltige en arrière en 3 temps.

6ᵉ Exercice. — Franchir la poutre par voltige à droite (ou à gauche) en 2 temps.

7ᵉ Exercice. — Sauter debout sur la poutre en 2 temps. — Sauter à terre en 2 temps.

8ᵉ Exercice. — Franchir la poutre, les jambes entre les bras, en 2 temps.

Art. V. — **Planche à rétablissement.**

1ᵉʳ Exercice. — Élever la tête au-dessus de la planche en 2 temps.

2ᵉ Exercice. — Élever les jambes en

avant le plus haut possible et les abaisser en 3 temps.

3ᵉ Exercice. — Rétablissement sur les avant-bras en 4 temps. Descendre sur les avant-bras en 2 temps.

4ᵉ Exercice. — Rétablissement par renversement en 3 temps. Descendre par renversement en 3 temps.

CHAPITRE II.

Art. Iᵉʳ. — Portique.

1ᵉʳ Exercice. — Étant à cheval, se mouvoir en avant (ou en arrière) en 2 temps.

2ᵉ Exercice. — Étant debout, marcher en avant en 2 temps.

3ᵉ Exercice. — Étant debout, marcher, se mettre à cheval, se remettre debout, se replacer à cheval, puis sur le ventre en 2 temps.

4ᵉ Exercice. — Descendre par les avant-bras et par un des agrès en 2 temps.

Art. II. — Échelle inclinée.

1ᵉʳ Exercice. — Monter par derrière l'échelle avec les mains et les pieds en 2 temps. — Étant derrière l'échelle, passer devant en 3 temps. Descendre à la force des bras, les pieds en dehors, contre les montants en 2 temps.

2ᵉ Exercice. — Monter à l'échelle par devant avec les mains et les pieds en 2 temps. Passer derrière en 3 temps. Descendre avec les mains seulement, en les plaçant alternativement sur le même échelon, en 2 temps.

3ᵉ Exercice. — Monter en plaçant alternativement les mains sur le même échelon en 2 temps. — Descendre de la même manière en 2 temps.

4ᵉ Exercice. — Monter en plaçant alternativement les mains sur un échelon différent en 2 temps. Descendre de la même manière en 2 temps.

Art. III. — Perches, cordes à nœuds et lisses.

1ᵉʳ Exercice. — Monter avec les mains

et les pieds en 2 temps. Descendre de la même manière en 2 temps.

2° Exercice. — Monter par un mouvement alternatif des mains en 2 temps. Descendre de la même manière en 2 temps.

Art. IV. — Anneaux.

1ᵉʳ Exercice. — Balancer les jambes en avant et en arrière en 2 temps.

2ᵉ Exercice. — Se renverser en arrière en 3 temps. — Revenir en avant en 2 temps.

3ᵉ Exercice. — Allonger horizontalement et alternativement les bras en 4 temps.

4° Exercice. — Passement de jambes en 4 temps.

Art. V. — Trapèze.

1ᵉʳ Exercice. — Balancer les jambes en avant et en arrière en 2 temps.

2ᵉ Exercice. — Se renverser en arrière en 3 temps. — Revenir en avant en 2 temps.

3° EXERCICE. — Monter par renversement en 3 temps. — Descendre par renversement en 3 temps.

4° EXERCICE. — Monter par renversement en 3 temps. — S'asseoir face en arrière en 2 temps. — Descendre sur les jarrets, les mains aux montants, et saisir la base en 2 temps. — Se renverser en arrière en 1 temps. — Revenir en avant en 2 temps.

CHAPITRE PREMIER.

EXERCICES AUX APPAREILS.

ART. 1er. — Barre à suspension.

1er Exercice.

ATTENTION.

Suspension par les mains (ou par une main) en 3 temps.

COMMENCEZ.

CESSEZ.

52 MANUEL

1. Élever les bras parallèlement vers la barre, les mains ouvertes, les paumes en avant et prêtes à la saisir.

2. Saisir la barre, les mains à l'écartement des épaules, et porter le pied gauche en avant.

3. Quitter le banc ou le sol du pied gauche, sans secousse, pour éviter le balancement du corps, et réunir les jambes (fig. 18.).

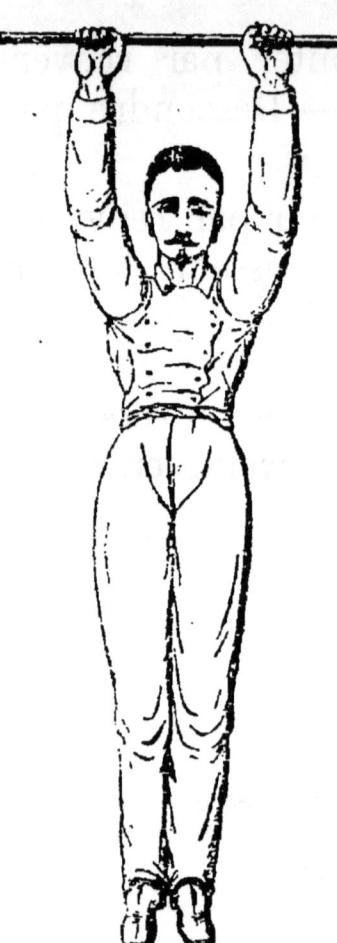

Fig. 18.

2ᵉ Exercice.

Suspension par les mains et les pieds (ou une main et un pied) en 2 temps.

1. Saisir la barre une main en dehors, l'autre en dedans en faisant face à droite

(ou à gauche), et soulever le corps en raccourcissant les bras.

2. Lancer les jambes vers la barre, y accrocher les talons en croisant les pieds et allonger ensuite les bras et les jambes (fig. 19).

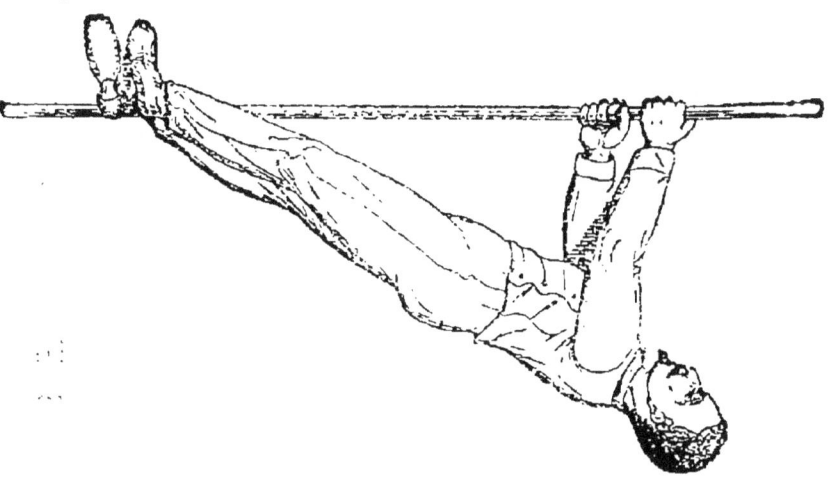

Fig. 19.

3ᵉ Exercice.

Élever la tête au-dessus de la barre en 2 temps.

1. Étant suspendu à la barre, raccourcir les bras pour soulever le corps jusqu'à ce que le menton arrive au-dessus de la barre (fig. 20).

2. Descendre le corps en allongeant lentement les bras.

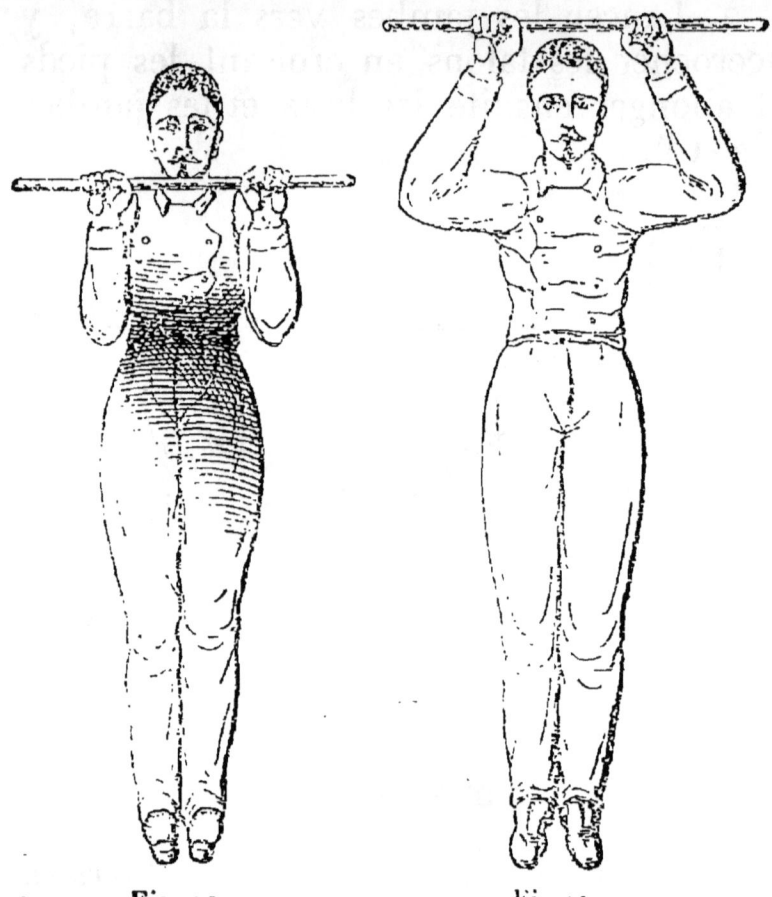

Fig. 20.   Fig. 21.

4° Exercice.

Translation latérale vers la droite (ou vers la gauche) en 2 temps.

1. Étant suspendu à la barre, raccourcir

DE GYMNASTIQUE.   55

les bras, rapprocher la main gauche de la droite en la faisant glisser le long de la barre.

2. Porter la main droite à environ 33 centimètres vers la droite (fig. 21).

5ᵉ Exercice.

Translation par le flanc droit ou (gauche) en avant (ou en arrière) en 2 temps.

1. Étant suspendu à la barre, raccourcir les bras, détacher la main gauche (ou droite) et la porter à environ 16 centimètres en avant en passant par-dessus (fig. 22).

2. Exécuter la même mouvement de la main droite (ou gauche) en la faisant passer par-dessus la gauche (ou droite).

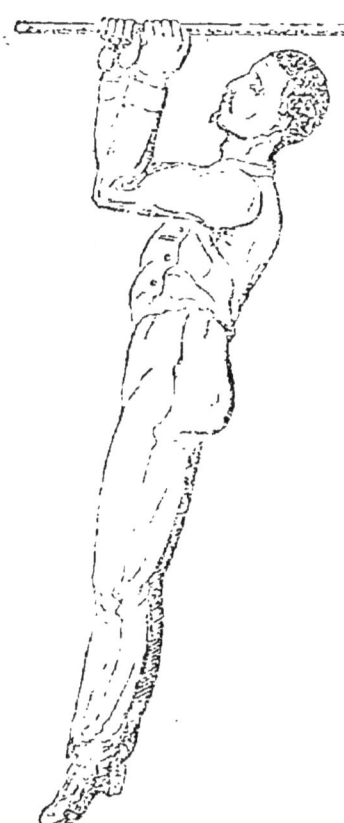

Fig. 22.

6ᵉ Exercice.

S'élancer à la barre et sauter en avant en 2 temps.

1. Sauter d'un bond après la barre, les bras allongés, les jambes ployées et rapprochées le plus possible de la barre, la tête en arrière, et du même élan développer avec force tout le corps, abandonner la barre et franchir le plus grand espace possible par un effort des reins et des bras.

2. Tomber d'après les principes prescrits au saut en profondeur.

7ᵉ Exercice.

Translation par brasses vers la droite (ou vers la gauche) en 2 temps.

1. Étant suspendu à la barre les bras très-écartés, raccourcir légèrement le bras gauche (ou droit).

2. Lâcher la barre de la main gauche (ou droite) et passer le bras tendu le long de la cuisse, en lui faisant décrire un demi-cercle, ressaisir la barre le plus loin possible, la paume de la main en avant et en faisant face en arrière (fig. 23).

Même mouvement avec l'autre bras, et continuer en se servant d'un léger balancement de jambes.

Fig. 23.

8ᵉ Exercice.

Rétablissement sur la jambe droite (ou gauche) et sur les avant-bras, en 5 temps (avec ou sans balancement).

1. Étant suspendu à la barre, raccourcir les bras.

Fig. 24.

2. Lancer les jambes vers la barre et s'y accrocher par le pli de la jambe droite, le

genou à côté de la main, la jambe gauche pendant naturellement.

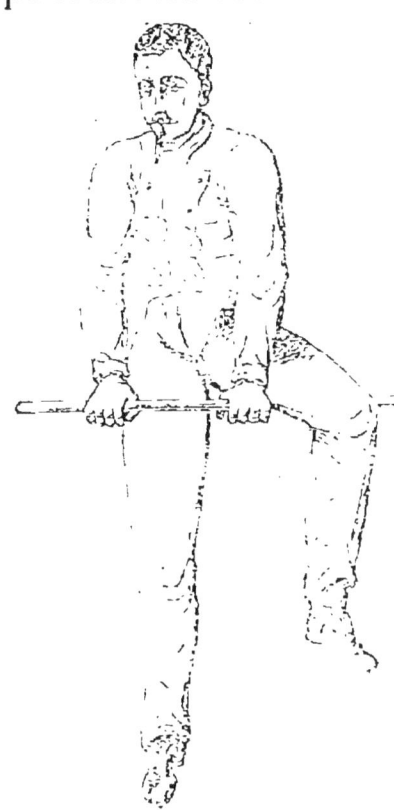

Fig. 25.

3. Placer alternativement les avant-bras étendus sur la barre en rapprochant les poignets, la tête et le haut du corps au-dessus de la barre (fig. 24).

4. Balancer la jambe gauche tendue, en avant, puis en arrière, faire aussitôt effort des bras, lâcher la barre des mains en ouvrant les avant-bras, les coudes au corps; porter le haut du corps en avant en prenant appui sur la jambe droite et les avant-bras pour se soulever au-dessus de la barre.

5. Saisir la barre avec les mains en s'appuyant légèrement sur le ventre, allonger les bras (fig. 25), passer la jambe droite

tendue par-dessus la barre et la réunir à la gauche.

Descendre à la force des poignets en 2 temps.

1. Descendre le corps en raccourcissant les bras jusqu'à ce que le menton soit à hauteur de la barre, les jambes légèrement en avant.

2. Déployer le corps et allonger progressivement les bras sans secousse.

9ᵉ Exercice.

Rétablissement sur la jambe droite (ou gauche) et sur les poignets en 4 temps, descendre à la force des poignets en 2 temps.

1. Mêmes principes que ci-dessus, mais faire effort directement sur les poignets alternativement (ou simultanément) pour soulever le corps au-dessus de la barre et tendre les bras.

2. Descendre comme à l'exercice précédent.

10ᵉ Exercice.

Rétablissement par renversement en 3 temps.

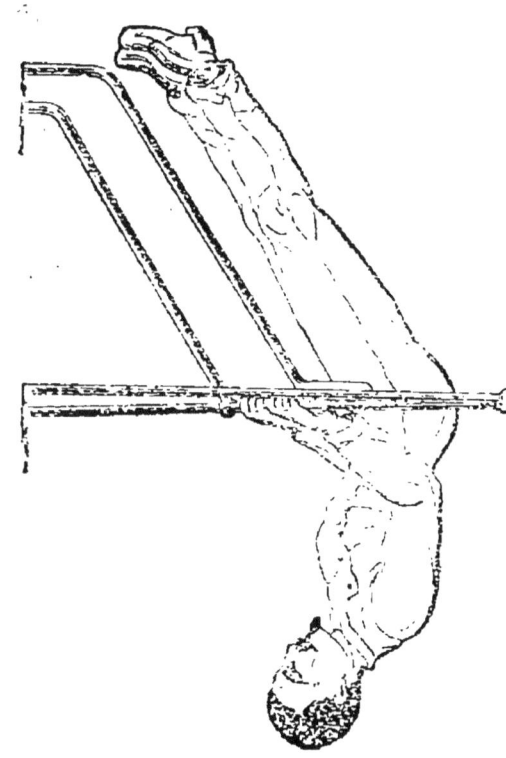

Fig. 26.

1. Étant suspendu à la barre, raccourcir les bras.

2. Renverser le corps en arrière en élevant les jambes et en leur faisant décrire un arc de cercle en avant pour les amener par-dessus la barre, monter le corps à la force des bras jusqu'à ce que le ventre vienne s'appuyer sur la barre (fig. 26), placer le corps et les jambes horizontalement en creusant les reins et levant la tête.

3. Achever le rétablissement en se redressant et en allongeant les bras, le corps ne quittant pas la barre et en équilibre sur les poignets.

Descendre par renversement en 3 temps.

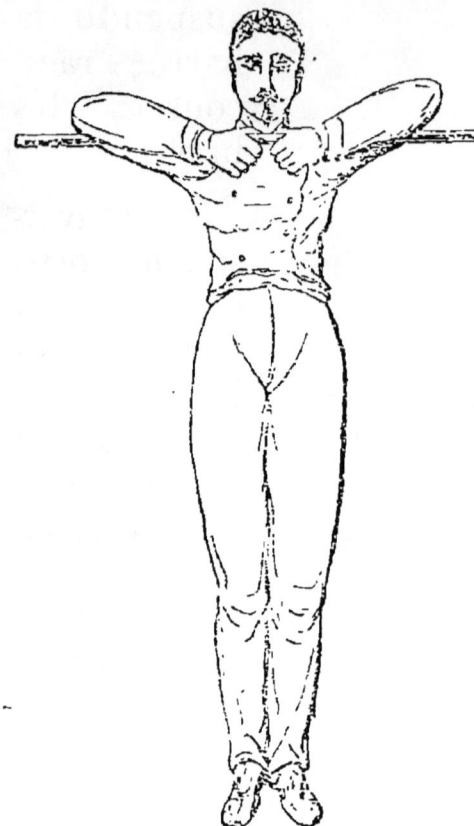
Fig. 27.

1. Fléchir les bras, s'appuyer sur le ventre, saisir la barre, la paume des mains en avant.

2. Se renverser en avant, la tête en bas, les jambes ployées, et achever la révolution autour de la barre en maintenant les bras raccourcis.

3. Déployer le corps et allonger progressivement les bras sans secousse.

11ᵉ Exercice.

Rétablissement sur les avant-bras en 4 temps.

1. Étant suspendu à la barre les mains réunies, raccourcir les bras.

2. Placer alternativement chaque avant-bras sur la barre, les mains vis-à-vis le milieu du corps, les pouces en dessus (fig. 27).

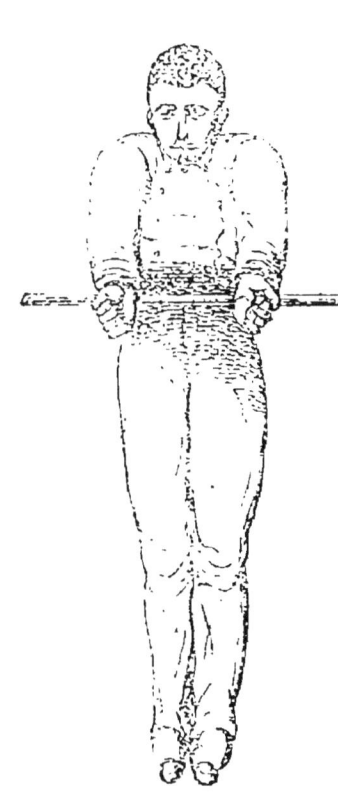

Fig. 28.

3. Soulever le corps par un effort des avant-bras, secondé par une flexion simultanée des jambes; écarter les mains, les ongles en dessus, en ramenant les coudes au corps par un mouvement de rotation sur les avant-bras et en portant la tête en avant; se placer en équilibre sur la barre en s'y appuyant sur le ventre et sur les avant-bras (fig. 28).

4. Saisir la barre avec les mains et se rétablir entièrement sur les poignets en allongeant les bras.

Descendre par un saut en avant en 2 temps.

1. Balancer les jambes en arrière; descendre

le corps en résistant des bras pour rapprocher les jambes tendues de la barre, et du même élan développer avec force tout le corps ; abandonner la barre et franchir le plus grand espace possible par un effort des reins et des bras.

2. Tomber d'après les principes du saut en profondeur.

Fig. 29.

12ᵉ Exercice.

Rétablissement alternatif sur les poignets en 4 temps.

1. Étant suspendu à la barre, raccourcir les bras.
2. Porter le poids du corps sur le poignet

gauche, placer l'avant-bras droit verticalement au-dessus de la barre, le coude élevé (fig. 29).

3. Porter le poids du corps sur le bras et placer de la même manière l'avant-bras gauche.

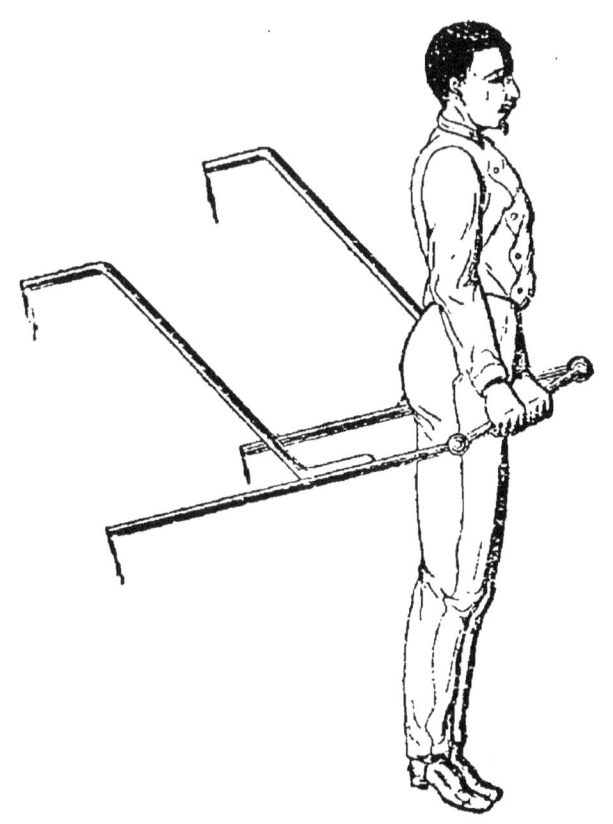

Fig. 30.

4. Achever de soulever le corps sur les poignets en allongeant les bras (fig. 30).

Descendre à volonté.

1. 2. 3. Comme aux exercices précédents.

Art. II. — **Barres parallèles.**

1ᵉʳ Exercice.

Se renverser en arrière étant assis et se relever, en 2 temps.

Fig. 31.

1. Étant assis sur une barre, accrocher les pieds à la barre opposée, les jambes allongées, fléchir lentement le corps en arrière, en creusant les reins et en faisant effort sur le cou-de-pied pour retenir le corps, élever en même temps les bras tendus dans le prolongement du corps, de manière à toucher le sol avec les mains.

2. Redresser le corps en faisant effort des reins, des

jambes et des pieds, et revenir assis sur la barre.

2ᵉ Exercice.

Se porter en avant (ou en arrière) par un mouvement alternatif des mains, en 2 temps.

1. Étant suspendu sur les poignets, les bras tendus, porter la main droite en avant à environ 0ᵐ,16, le poids du corps portant sur la main gauche (fig. 31).

2. Exécuter le même mouvement pour faire avancer la main gauche.

3ᵉ Exercice.

Porter les jambes alternativement en avant (ou en arrière) sur l'une ou l'autre barre, en 3 temps.

1. Étant suspendu sur les poignets, élever par balancement les jambes allongées et réunies en avant en roidissant les bras, les coudes au corps.

2. Porter les jambes réunies sur l'une ou l'autre barre en avant (ou en arrière) des poignets, les poser sur la barre en les fléchissant (fig. 32).

3. Allonger les jambes et les ramener

entre les barres par un effort simultané des cuisses et des poignets.

S'asseoir et sauter à terre en 3 temps.

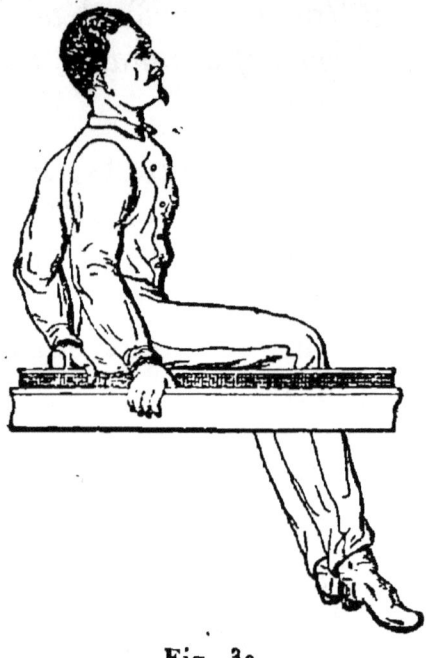

Fig. 32.

1. Porter les jambes réunies sur l'une ou l'autre barre en ramenant l'autre main sur la même barre, près et à côté de la cuisse pour s'asseoir.
2. Imprimer aux jambes un léger balancement en arrière.
3. Prendre appui sur les poignets et sauter en se repoussant avec les mains.

4° Exercice.

Porter les jambes réunies sur une barre, puis directement sur la barre opposée en avant (ou en arrière), en 2 temps.

1. Étant suspendu sur les poignets,

prendre un balancement en avant (ou en arrière) pour porter les jambes sur l'une ou l'autre barre en les fléchissant.

2. Allonger les jambes et les ramener directement sur la barre opposée par un léger balancement aidé d'un effort simultané des cuisses et des poignets, les porter ensuite sur la barre en les fléchissant.

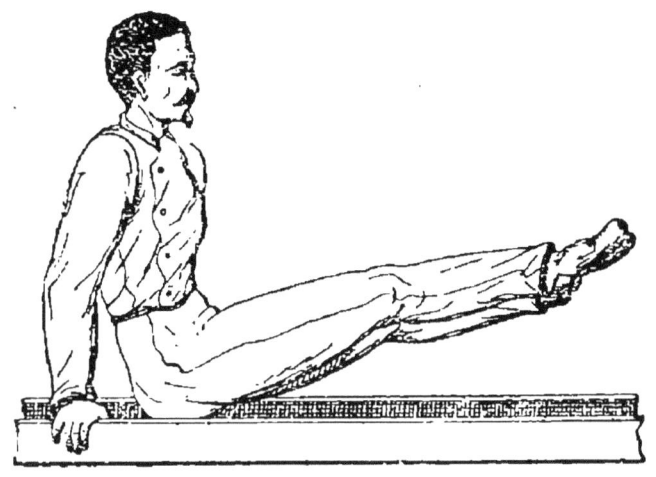

Fig. 33.

Sauter à terre en arrière par voltige en 3 temps.

1. Ramener l'une ou l'autre main sur la même barre pour s'asseoir.

2. Faire face à la barre en s'appuyant sur le ventre et sur les poignets, les bras tendus, fléchir légèrement sur les bras et imprimer

aux jambes un léger balancement en avant en les portant sous la barre.

3. Prendre appui sur le ventre et sur les poignets, lancer le corps en arrière en tendant les bras, et sauter en se repoussant avec les mains.

5ᵉ Exercice.

Franchir avec balancement une barre en arrière en 3 temps (ou en avant en 4 temps).

Fig. 34.

1. Étant suspendu sur les poignets, élever les jambes en avant, le corps fléchi, les bras fixes et tendus, le corps pivotant sur l'articulation des épaules (fig. 33).

2. Reporter les jambes en arrière en creusant les reins (fig. 34).

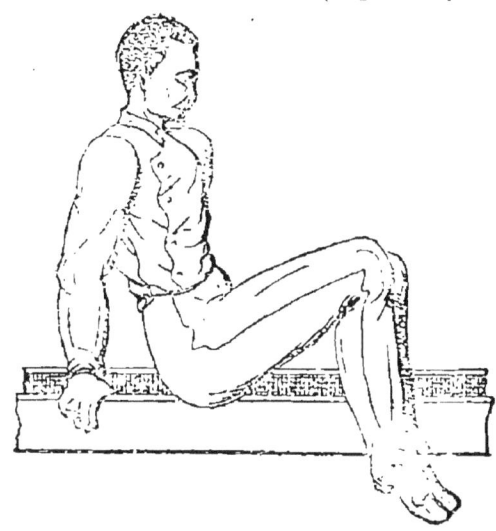

Fig. 35.

3. Porter vivement, en profitant du balancement, le corps en dehors d'une barre, en arrière du poignet et par une vive impulsion des reins, faire descendre les jambes pour tomber à terre, en avant (fig. 35).

6° Exercice.

Se porter en avant (ou en arrière) par saccades avec (ou sans) flexion des jambes, en 1 temps.

1. Étant suspendu sur les poignets, fléchir légèrement les bras et, par un mouve-

ment saccadé avec flexion et extension des jambes, porter en même temps les deux mains en avant à 0^m,16 environ, le haut du corps penché en avant (fig. 36).

7ᵉ Exercice.

Descendre le corps et le remonter par la flexion et l'extension des bras, en 2 temps.

1. Étant suspendu sur les poignets, fléchir lentement les bras, descendre le corps en ployant les jambes pour éviter de toucher la terre (fig. 37).

2. Remonter le corps en faisant effort sur les poignets pour allonger les bras.

Fig. 36.

8ᵉ Exercice.

Porter les jambes alternativement sur l'une ou l'autre barre avec balancement en croisant le mouvement, en 4 temps.

1. Étant suspendu sur les poignets, balancer les jambes et les porter en avant sur la barre de gauche.

2. Les rentrer dans les barres et les porter en arrière du poignet sur la barre de droite.

3. Les rentrer dans les barres et les porter en avant du poignet sur la même barre.

4. Les rentrer dans les barres et les porter en arrière du poignet sur la barre de gauche.

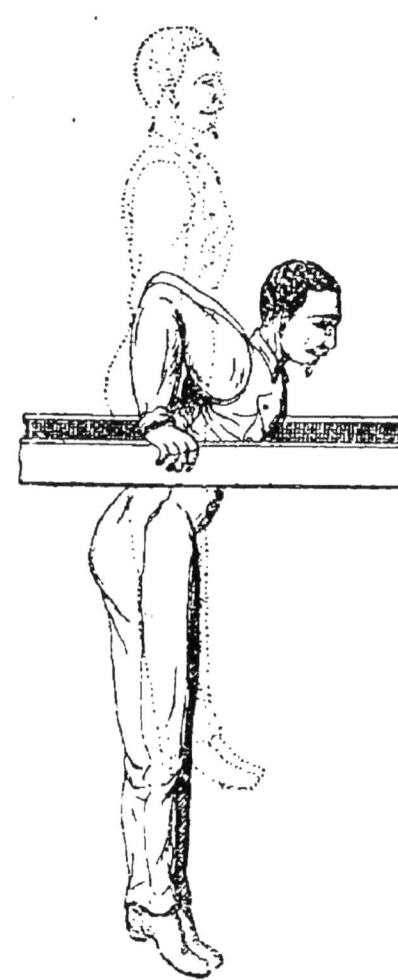

Fig. 37.

Franchir une barre en arrière en 3 temps.

1. Rentrer dans les barres et porter les jambes en avant, le corps fléchi.

2. Les reporter en arrière par balancement, en creusant les reins.

3. Franchir les barres en arrière par une vive impulsion des reins, se redresser et tomber en saisissant la barre, le bras libre tendu en l'air.

9º Exercice.

Fig. 38.

Se porter en avant (ou en arrière) en se mettant à cheval sur les barres, en 3 temps.

1. Étant suspendu sur les poignets, élever les jambes en avant, les écarter pour se mettre à cheval sur les barres, les cuisses rapprochées des mains, les bras allongés (fig. 38).

2. Porter le poids du corps sur les cuisses, détacher les mains de l'arrière et les

placer sur les barres en avant des jambes (fig. 39).

3. Porter le poids du corps sur les poignets en baissant la tête, allonger les jambes en arrière et les réunir dans les barres.

10ᵉ Exercice.

Franchir les barres avec élan en 3 (4 ou 2) temps.

1. Étant placé à 10 ou 12 pas des barres perpendiculairement à leur direction, s'élancer, frapper le sol des pieds réunis, en plaçant une main sur chaque barre à hauteur l'une de l'autre, les pouces en dedans; enlever le corps sur les poignets, en avançant les épaules, les bras légèrement fléchis;

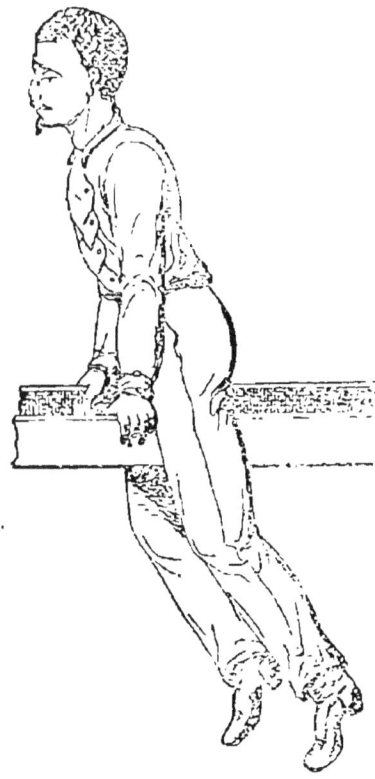

Fig. 39.

franchir la première barre et porter les

jambes tendues en arrière, en creusant les reins (fig. 40).

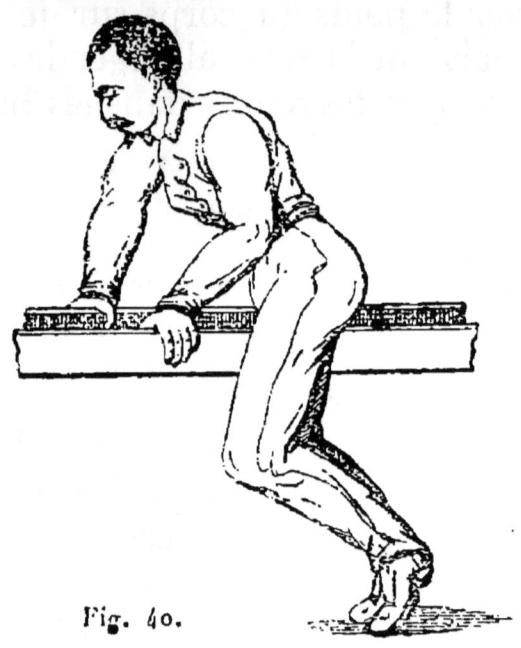

Fig. 40.

2. Reporter les jambes en avant, en résistant des épaules, le corps fléchi.

3. Franchir la deuxième barre en avant et tomber en saisissant la barre, le bras libre tendu en l'air.

En 4 temps, il y a un balancement des jambes en arrière de plus, et on franchit la deuxième barre en arrière (fig. 41).

En 2 temps, on franchit de suite la deuxième barre en arrière, sans faire entrer les jambes dans les barres.

Art. III. — Échelle horizontale.

1ᵉʳ Exercice.

Élever la tête le plus haut possible au-dessus de un (ou deux) échelons ou montants en 2 temps.

Fig. 41.

Mêmes principes qu'à la barre à suspension ; 3ᵉ exercice du 1ᵉʳ article.

2ᵉ Exercice.

Se porter vers la droite (ou vers la gauche) à un montant en 2 temps.

Mêmes principes qu'à la barre à suspension ; 4ᵉ exercice du 1ᵉʳ article.

3ᵉ Exercice.

Se porter en avant (ou en arrière) par les montants en 2 temps.

Mêmes principes qu'à la barre à suspension ; 5ᵉ exercice du 1ᵉʳ article.

4ᵉ Exercice.

Se porter en avant (ou en arrière) en plaçant alternativement les mains sur le même échelon, en 2 temps.

Mêmes principes qu'à la barre à suspension ; 5ᵉ exercice du 1ᵉʳ article.

5ᵉ Exercice.

Se porter en avant (ou en arrière) en plaçant alternativement les mains sur un échelon différent, en 2 temps.

Mêmes principes qu'à la barre à suspension ; 5ᵉ exercice du 1ᵉʳ article.

6ᵉ Exercice.

Translation aux montants ou aux échelons en 2 temps.

Exécuter ce mouvement en avant ou en arrière, par saccades ou par balancement.

On exécute encore à l'échelle horizontale

les six derniers exercices **décrits à la barre
à suspension** (art. 1ᵉʳ).

Art. IV. — Poutre horizontale.

Pour l'exécution des quatre premiers exercices, la poutre sera placée à 1ᵐ,70 de terre, et pour l'exécution des quatre derniers, à 0ᵐ,80.

1ᵉʳ Exercice.

Étant à cheval, se mouvoir en avant (ou en arrière) en 2 temps.

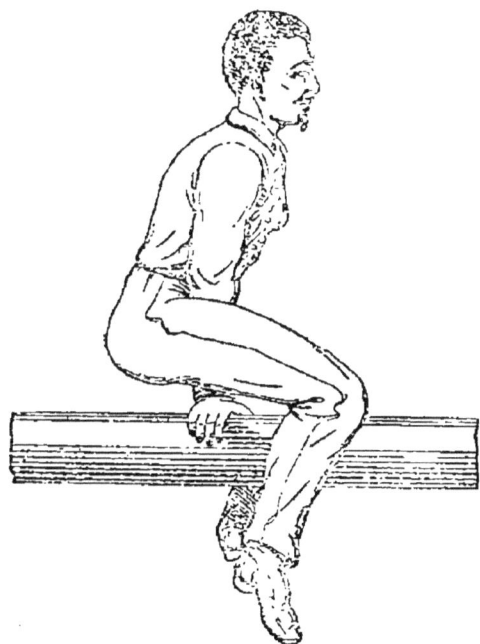

Fig. 42.

1. Étant à cheval, placer les mains à environ 0ᵐ,16 en avant des cuisses, les pouces en dessus.

2. Soulever le corps en s'appuyant sur les poignets, la cuisse horizontalement placée, les jambes pendant

naturellement; se porter en avant sans glisser sur la poutre, et s'asseoir les cuisses contre les mains (fig. 42).

Sauter à terre par voltige en arrière en 4 temps.

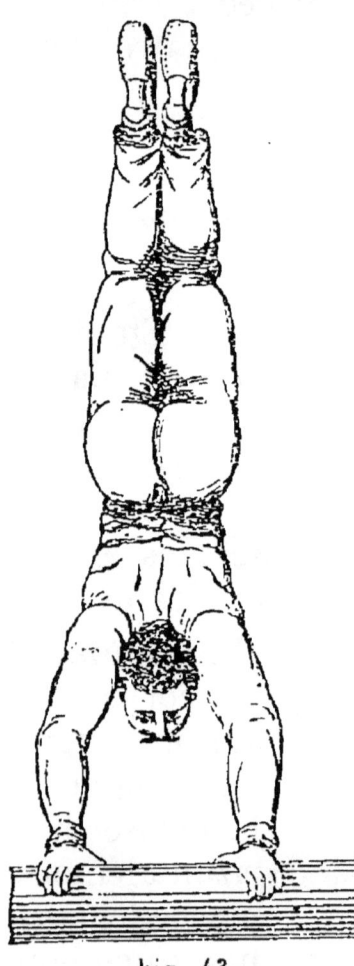

Fig. 43.

1. Poser les mains à l'écartement des épaules, les doigts à droite (ou à gauche), le petit doigt de la main droite touchant la cuisse du même côté, et soulever le corps sur les poignets.

2. Passer la jambe droite tendue par-dessus la poutre, faire face à droite et rapporter la jambe droite à côté de la gauche, le haut du corps un peu en avant.

3. Fléchir légèrement les bras et balancer les jambes en avant.

4. Prendre appui sur le ventre et les poignets, enlever le corps et sauter à terre (fig. 43).

2ᵉ Exercice.

Étant debout, marcher en avant en 2 temps.

Fig. 44.

Se placer debout sur la poutre un pied en avant de l'autre, la pointe des pieds ouverte, les bras arrondis latéralement à hauteur des épaules, les yeux fixés droit devant soi (fig. 44).

1. Porter le pied gauche à 0ᵐ,16 en avant du droit, la pointe des pieds en dehors, le jarret tendu, les bras maintenus à leur position.

2. Porter de la même manière le pied droit à 0ᵐ,16 en

avant du gauche, et continuer ainsi alternativement de l'un et l'autre pied.

Se mettre à cheval en 2 temps.

Fig. 45.

1. Étant debout sur la poutre, fléchir sur les extrémités inférieures en ouvrant les genoux, pour placer les mains sur la poutre près des pieds, les pouces sur le haut de la poutre, les doigts en dehors, et porter le poids du corps sur les poignets en avançant un peu la tête (fig. 45).

2. Laisser glisser lentement et simultanément les pieds de chaque côté de la poutre et se placer à cheval, les cuisses contre les mains.

Se remettre debout en 2 temps.

1. Balancer les jambes en avant et en arrière, soulever le corps sur les poignets et reporter les pieds sur la poutre le plus près possible des mains.

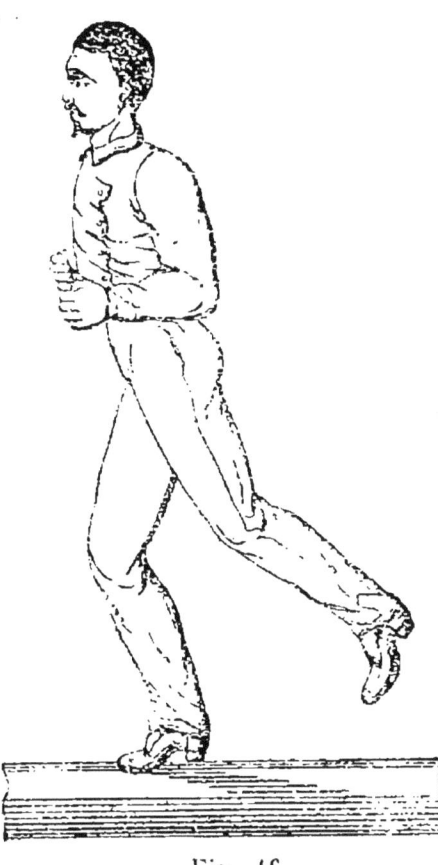

Fig. 46.

2. Redresser le corps en tendant les bras latéralement et se mettre debout.

Sauter à terre à droite (ou à gauche) en 2 temps.

1. Faire face à droite (ou à gauche) en tournant sur le milieu des pieds.

2. Sauter à terre et tomber d'après les principes prescrits.

3ᵉ Exercice.

Courir sur la poutre en 2 temps et sauter à terre à droite (ou à gauche) en 2 temps.

1. 2. Cet exercice s'exécute comme le précédent, en observant de prendre la ca-

dence gymnastique, les bras placés à la position prescrite (fig. 46).

1. Sauter à terre à droite (ou à gauche) en portant un pied en avant de la poutre, le poids du corps portant sur l'autre pied, et se lancer diagonalement en avant dans le sens de la poutre (fig. 47).

Fig. 47.

2. Tomber d'après les principes prescrits.

4ᵉ Exercice.

Se mouvoir à l'aide des pieds et des mains en 2 temps.

1. Étant suspendu sous la poutre par les pieds et les mains, porter sans balancement la main droite en avant de la gauche et la jambe gauche en avant de la droite, les bras raccourcis le plus possible.
2. Même mouvement pour les extrémités opposées.

5ᵉ Exercice.

Se mettre à cheval en 2 temps.

1. Poser les mains sur la poutre à l'écartement des épaules, les doigts en avant, et soulever le corps sur les poignets.
2. Passer la jambe droite tendue par-dessus la poutre en faisant pivoter le corps face à gauche, les bras allongés, la cuisse gauche ne quittant pas la poutre, et s'asseoir à cheval.

Étant à cheval, faire face en arrière en 2 temps.

1. Poser les mains à gauche, porter le poids du corps sur les poignets en allongeant les bras, réunir la jambe gauche

à la droite en la faisant passer tendue par-dessus la poutre.

2. Se mettre à cheval face en arrière, le corps pivotant sur les poignets.

Sauter à terre par voltige en arrière en 3 temps.

Fig. 48.

1. Poser les mains de chaque côté de la poutre et près des cuisses, balancer les jambes en avant, puis en arrière, en soulevant le corps sur les poignets, les bras fléchis.

2. Développer le corps en arrière en réunissant les jambes au-dessus de la poutre (fig. 48).

3. Tomber d'après les principes, une main sur la poutre et face en avant.

6ᵉ Exercice.

Franchir la poutre par voltige à droite ou à gauche en 2 temps.

1. S'élancer perpendiculairement à la poutre, appliquer les mains à la même hauteur de chaque côté, s'enlever face à droite (ou à gauche) en portant le poids du corps sur les poignets et développer le corps au-dessus de la poutre, les jambes allongées en arrière.

2. Tomber à terre à droite (ou à gauche), une main sur la poutre et face en avant.

7ᵉ Exercice.

Sauter debout sur la poutre en 2 temps.

1. S'élancer perpendiculairement à la poutre; appliquer les mains à l'écartement des épaules, les doigts en avant; s'enlever sur les poignets, le corps rassemblé; placer les pieds réunis sur la poutre entre les mains.

2. Lâcher aussitôt la poutre des mains, se redresser les bras en avant.

Sauter à terre en 2 temps.

1. 2. Exécuter un saut en avant d'après les principes.

8ᵉ Exercice.

Franchir la poutre les jambes entre les bras, en 2 temps.

1. S'élancer, appliquer les mains sur la poutre, s'enlever, le corps rassemblé, et passer les jambes réunies entre les bras, sans toucher la poutre.

2. Tomber à terre d'après les principes.

Nota. On peut, lorsque les élèves sont assez forts, faire exécuter à la poutre les mêmes rétablissements qu'à la barre à suspension, et d'après les mêmes principes.

Art. V. — Planche à rétablissement.

1ᵉʳ Exercice.

Élever la tête au-dessus de la planche en 2 temps.

1. Mêmes principes qu'à la barre à suspension ; 3ᵉ exercice, 1ᵉʳ article.

2ᵉ Exercice.

Élever les jambes en avant le plus haut possible et les abaisser, en 3 temps.

1. Raccourcir les bras.

2. Élever les jambes tendues le plus près possible de la planche.

3. Descendre lentement les jambes, les bras raccourcis, et allonger les bras.

3ᵉ Exercice.

Rétablissement sur les avant-bras en 4 temps.

1. Saisir la planche les mains réunies et raccourcir les bras.

2. Porter les avant-bras alternativement sur la planche, les poings fermés et se touchant, les pouces vers le corps.

3. Se rétablir en ouvrant les avant-bras d'après les principes prescrits à la barre à suspension.

4. Saisir la planche, la paume de la main en avant, et allonger les bras; fléchir les jambes pour poser les genoux sur la planche et tendre les bras en avant.

Descendre sur les avant-bras en 2 temps.

1. Étant assis, se mettre sur le ventre, les jambes pendantes, glisser sur les avant-bras et saisir le bord de la planche, les bras **raccourcis**.

2. Allonger les bras en achevant de déployer le corps.

4ᵉ Exercice.

Rétablissement par renversement en 3 temps.

1. Tourner le dos à la planche et la saisir avec les mains, les bras parallèles entre eux.
2. Faire effort des poignets, renverser le

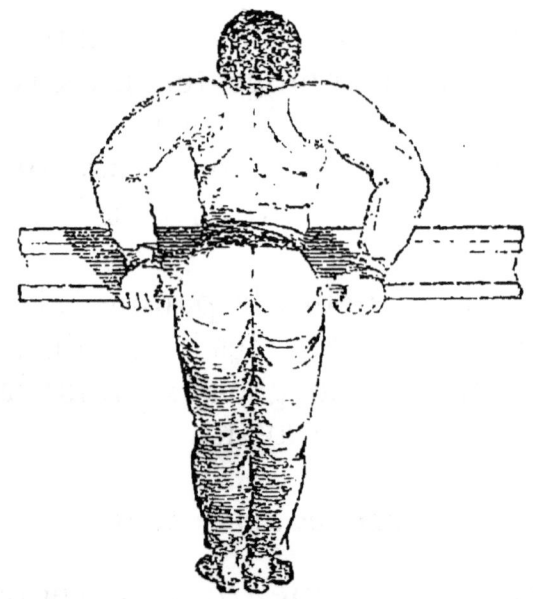

Fig. 49.

haut du corps, rejeter la tête en arrière en donnant aux jambes une vive impulsion en avant, de manière à leur faire décrire un arc de cercle, jusqu'à ce qu'elles soient couchées sur la planche, le plus loin possible du bord (fig. 49).

3. Détacher une main, la poser à plat sur la planche et redresser le corps en le repoussant en arrière.

Descendre par renversement en 3 temps.

1. Se mettre sur le ventre, le haut du corps dépassant le bord de la planche et la saisir la paume des mains en avant, les pouces en dessous.

2. Baisser la partie supérieure du corps et fléchir les jambes sur les cuisses tout en les maintenant sur la planche; renverser en même temps le corps et descendre lentement les jambes, les bras raccourcis.

3. Déployer le corps en allongeant les bras.

Nota. On peut descendre aussi :
1. Étant debout, en sautant en avant.
2. Étant assis, en se repoussant avec les mains.
3. Étant sur le ventre, en voltige en arrière.

CHAPITRE II.

EXERCICES AU PORTIQUE ET À SES AGRÈS.

Art. Ier. — Portique.

1er Exercice.

Étant à cheval, se mouvoir en avant (ou en arrière) en 2 temps.

Mêmes principes qu'à la poutre; 1er exercice, 4e article du chapitre 1er.

2e Exercice.

Étant debout, marcher en avant en 2 temps.

Mêmes principes qu'à la poutre; 2e exercice, 4e article du chapitre 1er.

3e Exercice.

Étant debout, marcher, se mettre à cheval, se remettre debout, se replacer à cheval, puis sur le ventre, en 2 temps.

Mêmes principes qu'à la poutre; 2e exercice, 4e article du chapitre 1er.

4ᵉ Exercice.

Descendre par les avant-bras et par un des agrès en 2 temps.

Mêmes principes qu'à la planche à rétablissement; 3ᵉ exercice, article 5 du chapitre 1ᵉʳ. (Voir ci-après aux exercices des perches et des cordes.)

Progression à suivre pour le passage de la poutre et du portique.

1° DE LA POUTRE.

1° Passage à cheval.
2° Passage debout.
3° Debout au pas accéléré.
4° Debout au pas gymnastique.

2° DU PORTIQUE.

1° Passage à cheval.
2° Passage debout avec un moniteur devant et un derrière.
3° Passage debout avec un moniteur derrière seulement.
4° Passage au pas accéléré.

ART. II. — Échelle inclinée.

Dans les exercices aux échelles, saisir

toujours les échelons près des montants, les pouces en dessous.

1ᵉʳ Exercice.

Monter par derrière l'échelle avec les mains et les pieds, en 2 temps.

1. Étant placé au-dessous et face à l'échelle, saisir l'échelon le plus élevé avec la main droite et placer le pied gauche sur un échelon du bas, contre le montant, le genou en dehors.

2. Faire effort du bras droit, porter le poids du corps sur le pied gauche, placer le pied droit sur l'échelon supérieur de la même manière que le gauche, en saisissant avec la main gauche l'échelon au-dessus, et monter par les extrémités opposées (fig. 5o).

Étant derrière l'échelle, passer devant en 3 temps.

1. Réunir les pieds contre le montant de droite et saisir ce même montant avec la main droite à hauteur des épaules, la main gauche remplaçant la main droite.

2. Faire tourner le corps autour du montant en lâchant celui-ci de la main droite, qui ira se placer au même échelon par-dessus et contre l'autre montant, déta-

DE GYMNASTIQUE. 95

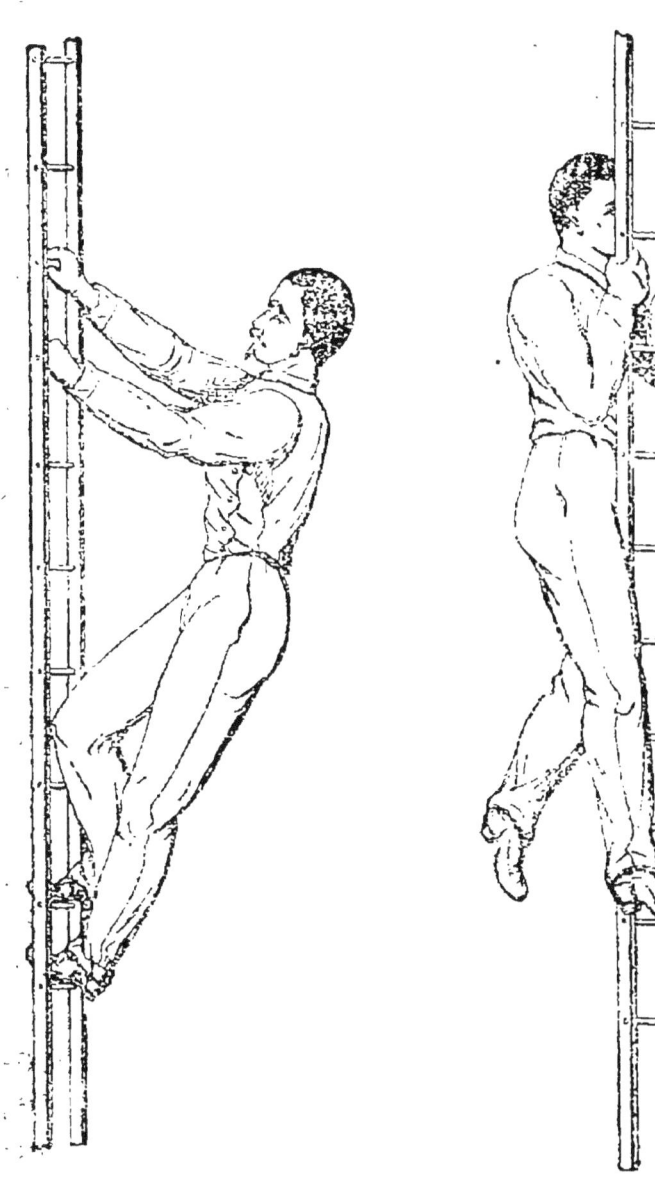

Fig. 50.   Fig. 51.

cher la jambe droite et poser le pied en dessus sur le même échelon (fig. 51).

3. Achever de faire passer le corps autour du montant en plaçant le pied et la main gauches.

Descendre à la force des bras, les pieds en dehors contre les montants, en 2 temps.

Placer d'abord les jambes allongées le long des montants, les pieds en dehors, appuyer les avant-bras sur les montants, les bras raccourcis.

1. Détacher la main gauche en faisant effort du bras droit, placer ensuite cette main sur l'échelon inférieur (fig. 52).

2. Descendre la main droite et la placer sur le même échelon sans raccourcir les bras.

2ᵉ Exercice.

Monter par devant l'échelle avec les mains et les pieds, en 2 temps.

1. 2. Monter en croisant d'après les mêmes principes que par derrière l'échelle.

Passer derrière en 3 temps.

1. 2. 3. Mêmes principes que ci-dessus pour passer devant.

DE GYMNASTIQUE.   97

Fig. 52. 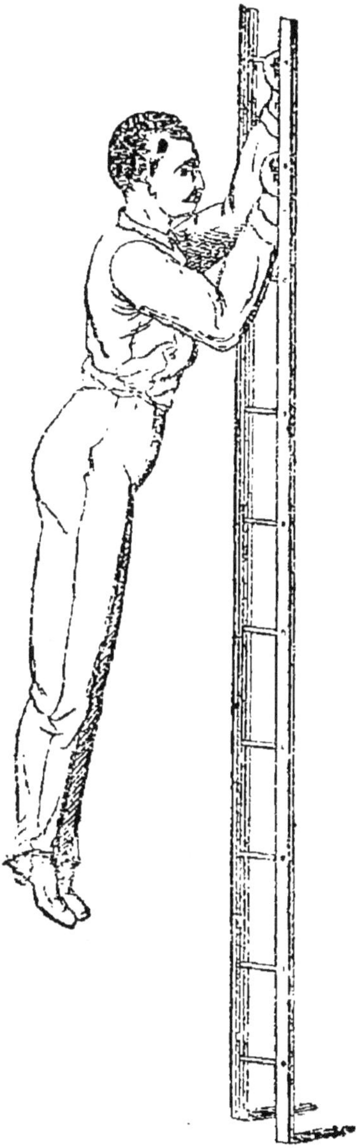   Fig. 53.

Descendre avec les mains seulement en les plaçant alternativement sur le même échelon, en 2 temps.

Se suspendre d'abord à un échelon par les mains, les bras raccourcis.

1. Porter le poids du corps sur le poignet gauche et détacher la main droite pour la descendre sur l'échelon inférieur en maintenant les bras raccourcis.

2. Même mouvement pour la main gauche en saisissant le même échelon.

3ᵉ Exercice.

Monter en plaçant alternativement les mains sur le même échelon, en 2 temps.

1. Étant suspendu à un échelon les bras allongés, élever le corps le plus haut possible en faisant effort des bras, détacher la main droite et la placer à l'échelon supérieur en maintenant le bras gauche raccourci, les jambes allongées et réunies (fig. 53).

2. Même mouvement pour placer la main gauche au même échelon.

Descendre de la même manière en 2 temps.

1. 2. Mêmes principes que pour monter, mais en exécutant en sens inverse.

4ᵉ Exercice.

Monter en plaçant alternativement les mains sur un échelon différent, en 2 temps; descendre de la même manière.

Mêmes principes que ci-dessus, mais en changeant chaque fois d'échelon.

On peut encore, pour varier, monter et descendre par les deux échelons à la fois, ou monter et descendre, en alternant, par les deux échelons et par les deux montants.

Art. III. — Perches (fixes et oscillantes), cordes à nœuds et lisses.

1ᵉʳ Exercice.

Monter avec les mains et les pieds en 2 temps.

1. Étant suspendu les bras raccourcis à un des agrès, l'entourer des jambes l'une en dessus, l'autre en dessous, prendre

appui en les serrant fortement et élever les mains réunies le plus haut possible en allongeant les bras et les jambes (fig. 54).

2. Faire effort des poignets pour élever la tête au-dessus des mains, raccourcir en même temps les jambes en les laissant glisser le long de la perche (ou de la corde).

Descendre de la même manière en 2 temps.

1, 2. Mêmes principes que pour monter, mais en exécutant en sens inverse.

2ᵉ Exercice.

Monter par un mouvement alternatif des mains en 2 temps.

1. Faire effort des poignets pour élever le corps et placer la main gauche le plus haut possible, le bras allongé, le bras droit raccourci, les jambes allongées en avant de chaque côté de l'appareil.

2. Placer la main droite le plus haut possible d'après les mêmes principes.

Descendre de la même manière en 2 temps.

1, 2. Mêmes principes que pour monter mais en exécutant en sens inverse.

DE GYMNASTIQUE. 101

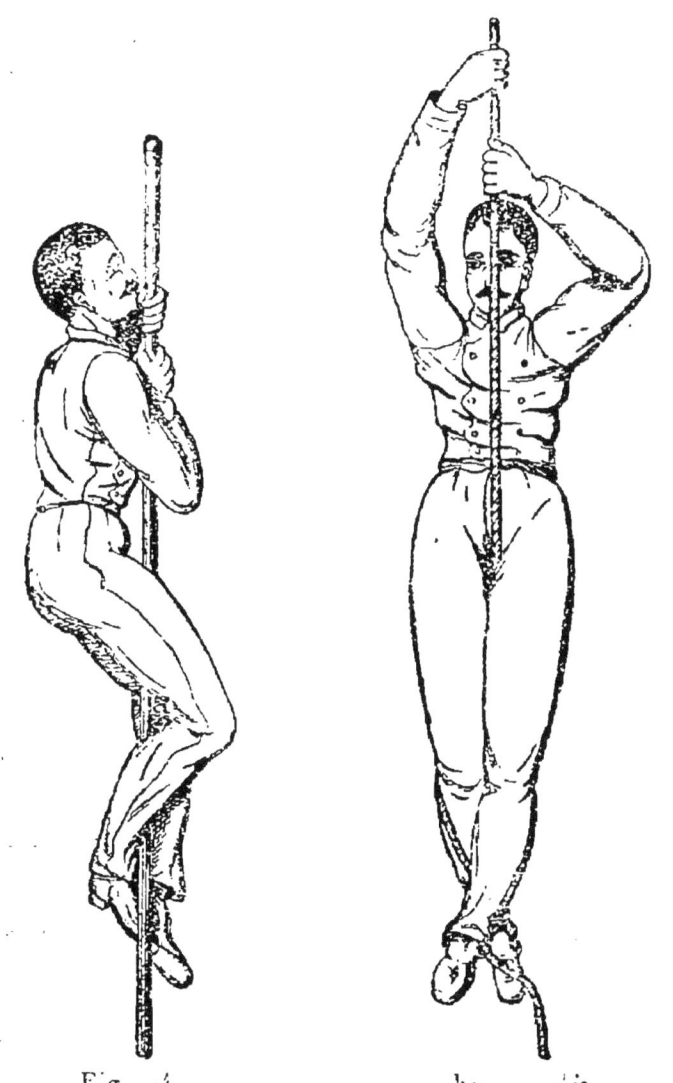

Fig. 4.   Fig. 4 bis.

Exécuter avec deux cordes (ou avec deux perches) les mouvements ci-dessus d'après **les mêmes principes.**

Art. IV. — Anneaux.

(Ils sont placés à la hauteur de la tête.)

1ᵉʳ Exercice.

Balancer les jambes en avant ou en arrière en 2 temps.

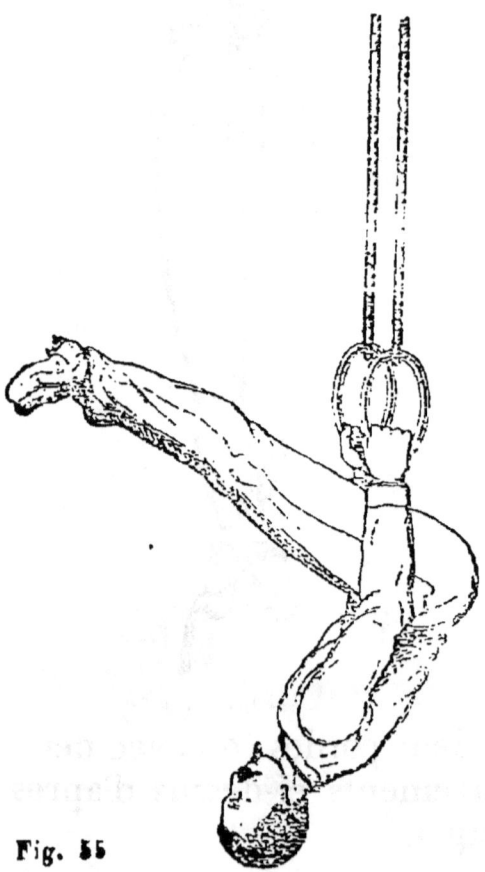

Fig. 55

1. Étant suspendu, élever les jambes allongées et réunies en avant sans raccourcir les bras, le corps ployé, les pieds entre les anneaux.

2. Laisser tomber les jambes et les porter en arrière en creusant les reins, la poitrine en avant, les bras allongés.

2ᵉ Exercice.

Se renverser en arrière en 3 temps.

Fig. 56.

1. Étant suspendu, raccourcir les bras.
2. Renverser lentement le corps en arrière en élevant les jambes et en les faisant passer entre les bras (fig. 55).
3. Déployer lentement le corps en arrière en allongeant les bras (fig. 56).

Revenir en avant en 2 temps.

1. Faire effort des bras et des reins pour remonter le corps en ployant les jambes, opérer le mouvement inverse en faisant repasser les jambes en avant, les rallonger aussitôt, les bras légèrement raccourcis.

2. Descendre lentement les jambes en allongeant les bras.

3ᵉ Exercice.

Allonger horizontalement et alternativement les bras en 4 temps.

Fig. 57.

1. Étant suspendu les bras raccourcis, allonger lentement le bras droit horizontalement à droite en serrant fortement le bras gauche contre la poitrine, le poids du corps sur le poignet gauche (fig. 57).

2. Raccourcir le bras droit en serrant le coude au corps, le poids du corps portant sur les deux poignets.

DE GYMNASTIQUE.   105

3. Allonger le bras gauche de la même manière que le bras droit.

4. Raccourcir le bras gauche, le coude au corps, allonger les bras, et tomber d'après les principes du saut en profondeur.

4ᵉ Exercice.

Passement de jambes en 4 temps.

Fig. 58.

1. Renverser le corps arrière en élevant la jambe droite et la placer fléchie sur l'avant-bras droit, la jambe gauche pendant naturellement (fig. 58).

2. Porter le poids du corps sur le poignet gauche, lâcher l'anneau de la main droite pour laisser passer la jambe droite et le ressaisir aussitôt.

3. Renverser le corps pour placer la jambe gauche contre la droite.

4. Lâcher l'anneau pour laisser passer la jambe gauche et le ressaisir aussitôt; allonger les bras et tomber à terre d'après les principes.

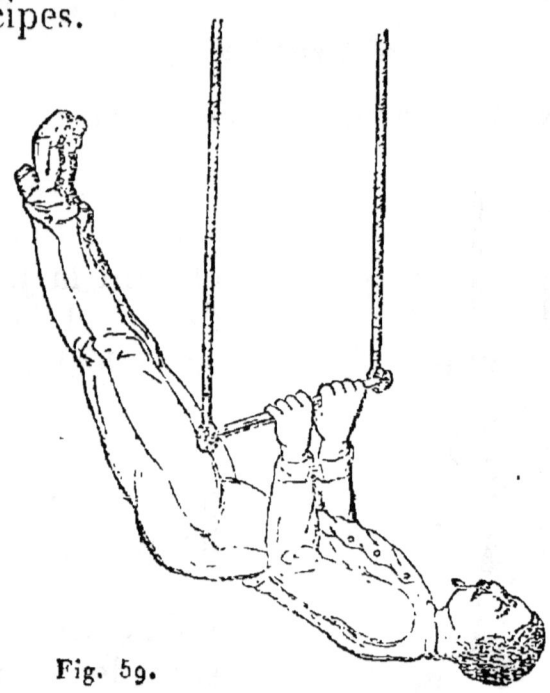

Fig. 59.

Art. V. — Trapèze.

1ᵉʳ Exercice.

Balancer les jambes en avant et en arrière en 2 temps.

Mêmes principes qu'aux anneaux.

DE GYMNASTIQUE. 107

2ᵉ Exercice.

Se renverser en arrière en 3 temps. Revenir en avant en 2 temps.

Mêmes principes qu'aux anneaux.

3ᵉ Exercice.

Monter par renversement en 3 temps. Descendre par renversement en 3 temps.

1. 2. 3. Mêmes principes qu'à la barre à

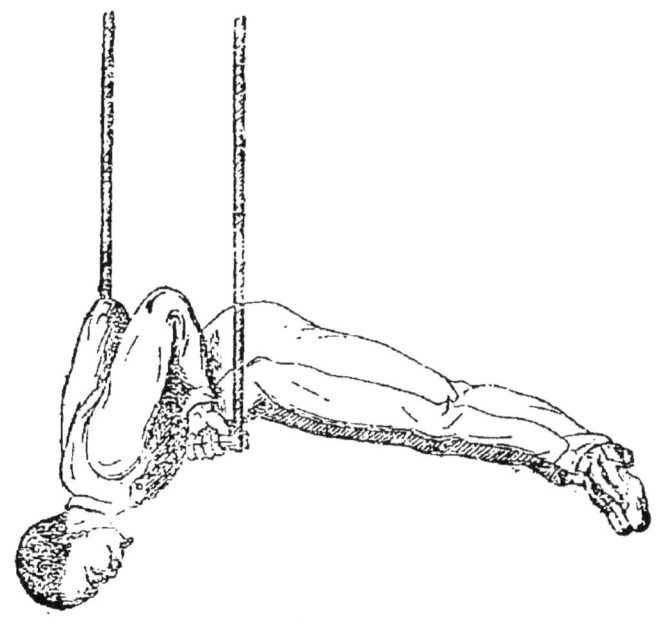

Fig. 60.

suspension; 10° exercice du 1ᵉʳ article du chapitre 1ᵉʳ (fig. 59 et 60).

4ᵉ Exercice.

Monter par renversement en 3 temps.

1. 2. 3. Mêmes principes qu'à la barre à suspension, 10° exercice du 1ᵉʳ article du chapitre 1ᵉʳ.

S'asseoir face en arrière en 2 temps.

1. Porter le poids du corps sur le poignet gauche et saisir le plus haut possible le montant de droite avec la main droite (fig. 61).
2. Enlever le corps en faisant

Fig. 61.

effort du poignet droit, faire un à-droite et demi et s'asseoir face en arrière, les cuisses réunies, en portant vivement la

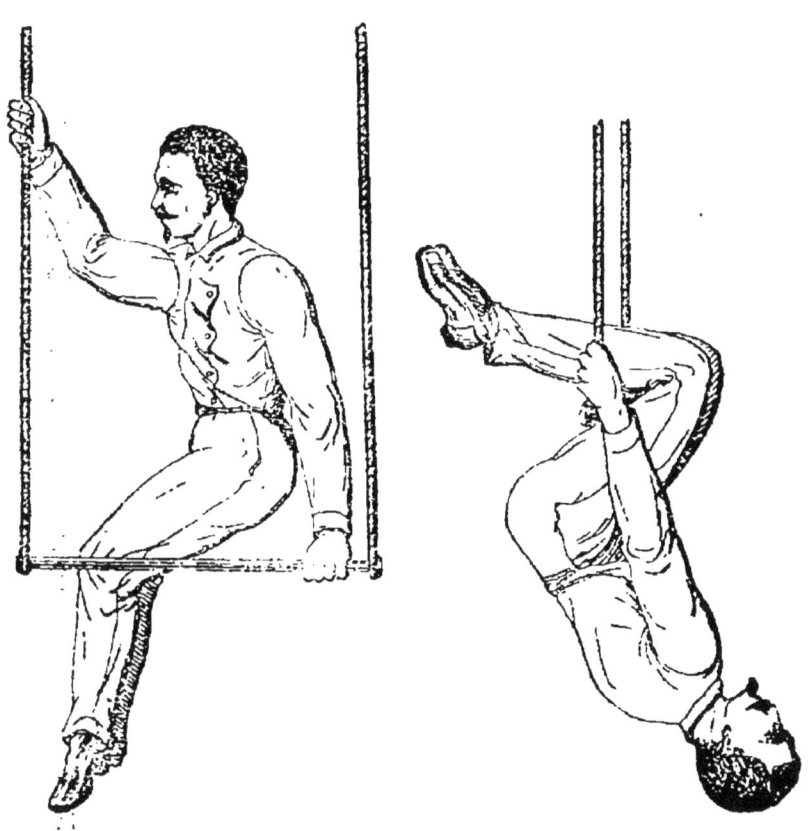

Fig. 62.   Fig. 63.

main gauche au-dessus de la droite sur le même montant à hauteur des épaules, et saisir de la main droite à la même hauteur l'autre montant (fig. 62).

Descendre sur les jarrets, les mains aux montants et saisir la base en 2 temps.

1. Porter le haut du corps en arrière en laissant glisser les cuisses jusqu'aux jarrets,

Fig. 64.

et descendre les mains le long des montants jusqu'à la base (fig. 63).

2. Placer alternativement les mains sur la base près des cuisses.

*Se renverser en arrière en **1** temps.*

1. Renverser lentement le corps en arrière en rapprochant les jambes allongées de la poitrine et lâcher la base des jarrets en allongeant les bras (fig. 64).

Revenir en avant en 2 temps.

1. 2. Mêmes principes qu'au 10° exercice du 1ᵉʳ article du chapitre 1ᵉʳ (barre à suspension).

OBSERVATIONS

Sur l'emplacement à choisir pour l'installation d'un gymnase et sur la construction et l'entretien des machines gymnastiques.

L'emplacement à choisir pour l'installation d'un gymnase doit être, autant que possible, abrité contre le vent du sud-ouest et contre le vent dominant de la contrée. Son sol doit être imperméable et aménagé pour le facile écoulement des eaux. Il est avantageux que le terrain soit divisé en plusieurs lots séparés par des allées plantées d'arbres à épais feuillage, et qu'il soit pourvu d'un hangar, d'un vestiaire et d'un magasin pouvant servir de dépôt aux agrès.

Toutes les machines doivent être construites, autant que possible, en bois de chêne et, à défaut, en sapin de choix.

Les pièces enterrées en totalité ou en partie devront être, de préférence, en chêne coaltarisé ou carbonisé sur toute la longueur plongée en terre ; il sera avantageux de les enduire, en outre, de deux ou trois couches de goudron bouillant jusqu'à 30 centimètres au-dessus du sol, dont la partie creusée pourra être empierrée. A défaut de chêne, il conviendra d'employer le sapin injecté par le procédé Boucherie.

Pour les pièces à découvert, on pourra employer le sapin ; mais il sera préférable d'employer le chêne, ou tout au moins un sapin de choix, pour celles de ces pièces sur lesquelles on se suspend par les mains, sur lesquelles on glisse. Les parties découvertes devront d'ailleurs être primitivement peintes à trois couches et être enduites chaque année d'une nouvelle couche de peinture.

Les bois seront toujours peints en couleur jaune chamois et le fer en couleur noire; le fer employé devra être forgé au bois.

Pour le bois à employer pour chaque machine, on pourra se guider d'après les indications suivantes :

1° *Barres à suspension.* — Si elles sont isolées, les poteaux et le bâti enterré qui les consolide seront en chêne, les autres pièces en sapin. Si elles sont contre un mur, toutes les pièces de charpente seront en sapin.

2° *Barres parallèles.* — Il convient de faire toutes les pièces en chêne.

3° *Échelle horizontale.* — Toute en chêne, il serait avantageux de faire les barreaux en frêne.

4° *Poutre horizontale.* — Le support vertical et l'escabeau à degrés seront en chêne; la poutre elle-même pourra être en sapin de choix ou mieux en chêne.

5° *Planche à rétablissement.* — Si elle est isolée, les poteaux et les bâtis enterrés seront en chêne; le plancher sera en sapin de choix ou mieux en chêne; les autres pièces pourront être en sapin. Si la planche à rétablissement est contre un mur, toutes les pièces pourront être en sapin, sauf le plancher.

6° *Poutre portique avec échelle.* — Il convient de faire en chêne les poteaux et le bâti enterré qui les consolide. La poutre horizontale et le plancher de la plate-forme pourront être en sapin de choix; mais il vaut mieux les faire en chêne. Toutes les autres pièces, traverses, contre-fiches, perches, échelles, pourront être en sapin; il serait avantageux de faire en frêne les barreaux des échelles.

7° *Sautoir.* — Les montants, n'ayant aucun effort à supporter, pourront, sans inconvénient, être en sapin.

Les machines gymnastiques fixes, qui viennent d'être énumérées, seront établies par les soins du service du génie d'après les instructions ministérielles spéciales réglant la forme, les dimensions (voir les planches ci-après) et le prix de chaque machine, le cube de la charpente de chêne et de la charpente de sapin, la superficie des plan chers de chêne et de sapin, et le cube total des bois employés.

La piste pour le franchissement des obstacles sera établie, sans frais, par les hommes du corps appelé à en disposer.

Le terrain du gymnase doit être nivelé et bien battu ; le sable qui entoure les machines doit être remué avant chaque exercice. Sous le portique et à tous les endroits où s'exécutent des sauts, il est établi des fossés ou bains de 30 centimètres de profondeur. Ces fossés sont remplis de sable qui doit être remué à chaque leçon. Pour que le sable ne se mêle pas avec la terre, on garnit le fond et les bords des fossés avec des plâtras ou du salpêtre que l'on dame fortement.

Après chaque leçon, les agrès qui ont servi à l'extérieur sont mis à couvert ; les cordages sont rentrés chaque soir et le jour par les temps humides. Ceux qui ne peuvent être déplacés sont relevés, afin que leur extrémité soit préservée de l'humidité du sol.

L'officier chargé de la direction des exercices aux appareils et aux agrès s'assure chaque jour que le matériel est en bon état et que les échelles sont solidement fixées (les échelles inclinées doivent avoir une base d'inclinaison égale au moins au quart et au plus au tiers de leur longueur); il interdit l'usage de tout appareil qui, par sa vétusté ou ses apparences de détérioration, n'offrirait pas toute sécurité.

A l'approche de la mauvaise saison, les machines qui peuvent se transporter ou se démonter sont mises à couvert, autant que possible.

Tous les ans, les machines sont repeintes à une couche, les trous et fissures sont mastiqués et bouchés avec soin. Les parties enterrées sont dégarnies jusqu'à la rencontre de la maçonnerie, puis goudronnées à une seule couche.

TROISIÈME PARTIE.

NATATION.

L'Instruction pour l'enseignement de la NATATION se divise en deux chapitres :

CHAPITRE PREMIER.

EXERCICES À SEC.

ARTICLE UNIQUE. — Exercices préparatoires sans chevalet, puis avec chevalet.

1ᵉʳ EXERCICE. — Développement de la

jambe droite (ou gauche) et du bras droit sur le pied gauche (ou droit).

2ᵉ Exercice. — Exercice des bras.

3ᵉ Exercice. — Exercice des jambes sur le pied gauche (ou droit).

4ᵉ Exercice. — Exercice des bras et des jambes sur le pied gauche (ou droit).

5ᵉ Exercice. — Exercice sur le chevalet.

CHAPITRE II.

EXERCICES DANS L'EAU.

Article Iᵉʳ. — Moyens de nager et de plonger.

1ᵉʳ Exercice. — Nager sur le ventre.
2ᵉ Exercice. — Nager sur le dos.
3ᵉ Exercice. — Plonger.

Article II. — Installation et matériel des écoles de natation. — Règles à suivre dans ces écoles.

Article III. — Principales applications de la natation pour un militaire.

RÈGLES GÉNÉRALES.

Dans chaque régiment d'infanterie, l'enseignement de la natation est dirigé par un capitaine auquel est adjoint un officier instructeur par bataillon. Dans chaque bataillon formant corps ou détachement, cette direction est exercée par un lieutenant ou sous-lieutenant ayant sous ses ordres 3 ou 4 sous-officiers, caporaux ou soldats-moniteurs par compagnie, et un nombre de maîtres nageurs proportionné à celui des élèves des 3ᵉ et 4ᵉ classes, chacun ayant toujours, autant que possible, les mêmes élèves à instruire.

Dans la cavalerie, les mêmes dispositions sont observées en assimilant deux escadrons à un bataillon.

CHAPITRE PREMIER.

EXERCICES À SEC.

ARTICLE UNIQUE. — **Exercices préparatoires sans chevalet, puis avec chevalet.**

Les soldats ne sachant pas nager doivent être exercés tout d'abord aux mouvements préparatoires suivants de la natation à sec, d'abord debout, ensuite sur un chevalet à sangles ou sur un banc. On doit insister sur ces mouvements jusqu'à ce qu'ils soient devenus familiers aux hommes, et que ceux-ci puissent, sans tension d'esprit, et tout naturellement, en faire l'application à l'eau [1].

GARDE À VOUS.

A ce commandement, prendre la position du soldat sans armes.

---

[1] Pour les 1er, 2e, 3e et 4e exercices, les hommes sont formés par groupes de 10 à 15 et disposés dans chaque groupe à 4 pas les uns des autres, sur deux rangs distants de 4 pas. Pour le 5e exercice, ils sont exercés individuellement.

1ᵉʳ Exercice.

Mouvement de natation. — Développement de la jambe droite (ou gauche) et du bras droit sur le pied gauche (ou droit).

EN POSITION.

Fig. 1.   Fig. 2.

COMMENCEZ.

CESSEZ.

En position. Rapprocher le talon droit des fesses, le genou écarté autant que possible, le talon touchant l'articulation du genou, la pointe du pied ouverte et levée; porter le coude droit au corps, l'avant-bras verticalement placé, la main ouverte, les doigts allongés et joints, la paume de la main tournée vers la figure (fig. 1).

1. Étant à la position indiquée, étendre vivement et simultanément le bras en haut et la jambe en bas en écartant celle-ci à droite, la pointe du pied levée, et en fléchissant la jambe opposée (fig. 2).

2. Fléchir le bras et la jambe en se redressant pour revenir à la position indiquée.

2ᵉ Exercice.

Mouvement de natation. — Exercices des bras.

EN POSITION.

COMMENCEZ.

CESSEZ.

En position. Porter les coudes au corps, rapprocher les paumes des mains l'une de l'autre, les doigts allongés, joints et dirigés en avant (fig. 3).

1. Étant à la position indiquée, allonger vivement les bras horizontalement en avant, les mains jointes (fig. 4).

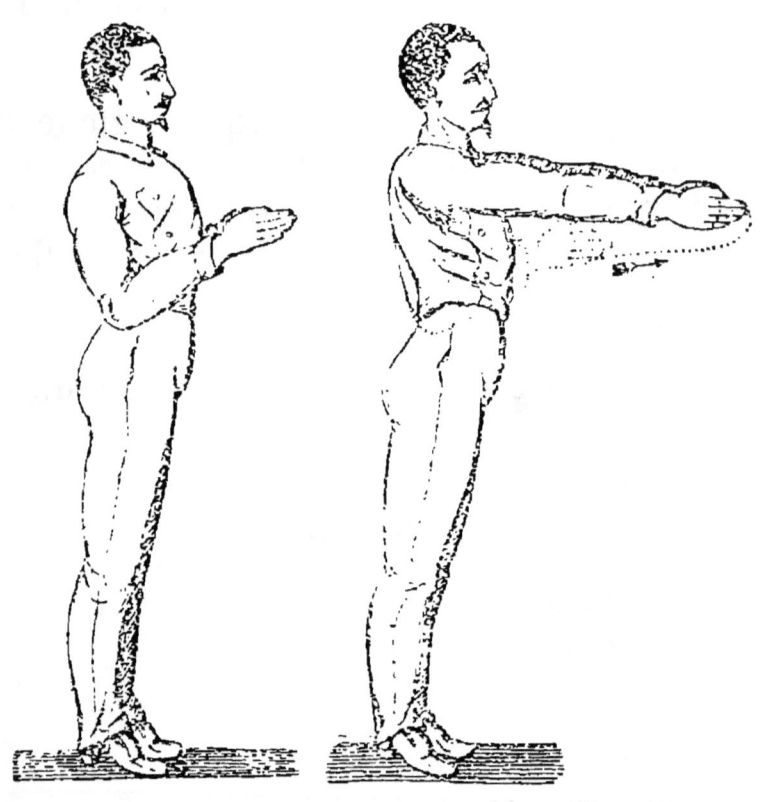

Fig. 3.   Fig. 4.

2. Séparer les mains à environ 0^m,16, les paumes en dessous, le côté extérieur de la main un peu élevé.

3. Décrire lentement un demi-cercle de chaque main, les bras tendus, et rapprocher les coudes du corps, en revenant à la position indiquée (fig. 5).

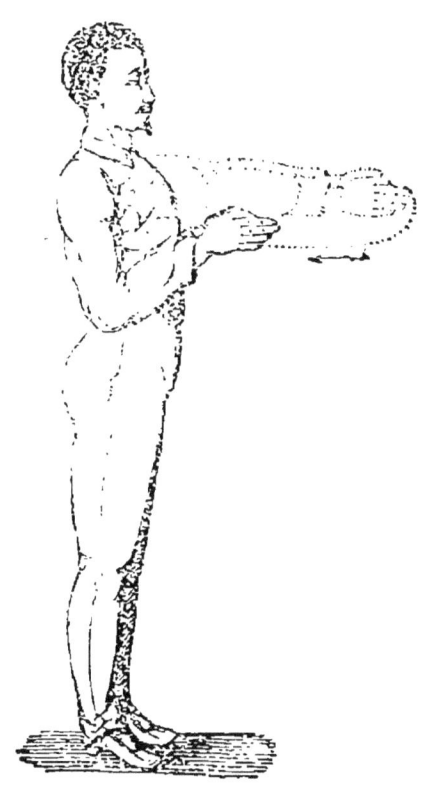

Fig. 5.

3ᵉ Exercice.

Mouvement de natation. — Exercice des jambes sur le pied gauche (ou droit).

EN POSITION.

COMMENCEZ.

CESSEZ.

Fig. 6.

EN POSITION. Mettre les mains sur les hanches, rapprocher le talon droit des fesses, le genou écarté autant que possible, le talon touchant le genou, la pointe du pied ouverte et levée (fig. 6).

1. Allonger vivement la jambe droite (ou gauche), en l'écartant à droite (ou à gauche), la pointe du pied levée, et en fléchissant la jambe opposée (fig. 7).

2. Rapprocher le genou droit du gauche,

Fig. 7.

la jambe tendue en se relevant, les pieds en équerre (fig. 8).

3. Fléchir la jambe droite (ou gauche), pour revenir à la position indiquée.

4ᵉ Exercice.

Mouvement de natation. — Exercice des bras et des jambes sur le pied gauche (ou droit).

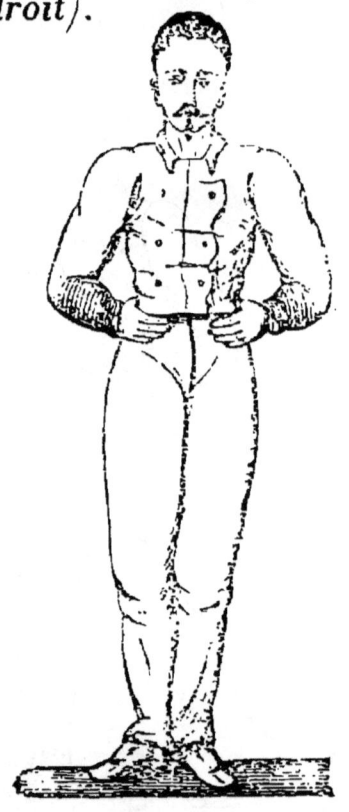

Fig. 8.

EN POSITION.

COMMENCEZ.

CESSEZ.

En position. Placer les mains et la jambe droite aux positions indiquées aux 2° et 3° exercices.

1. Allonger vivement et simultanément les bras et la jambe, celle-ci écartée, en fléchissant.

2. Rapprocher les genoux en se redressant; séparer les mains à environ 0^m,16, les paumes en dessous, le côté extérieur un peu relevé.

3. Décrire lentement un demi-cercle de chaque main, les bras tendus; rapprocher les coudes du corps et le talon des fesses à la position indiquée.

5° Exercice.

Mouvement de natation. — Exercice sur le chevalet.

EN POSITION.

COMMENCEZ.

CESSEZ.

En position. Étant sur le chevalet, placer

les mains et les jambes comme il est expliqué aux 2ᵉ et 3ᵉ exercices (fig. 9).

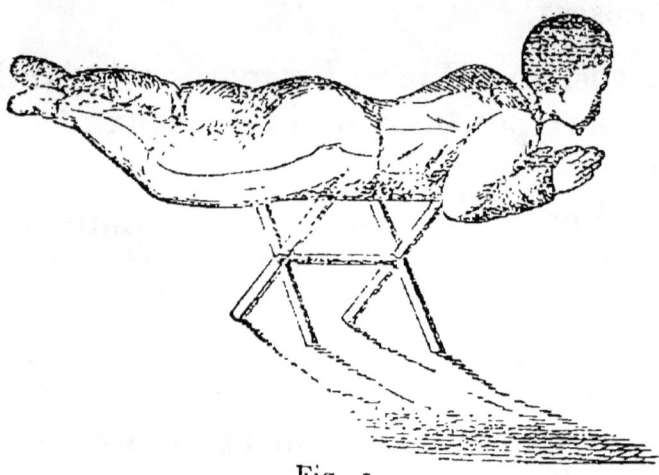

Fig. 9.

1. Allonger vivement les bras et les jambes, celles-ci écartées (fig. 10).

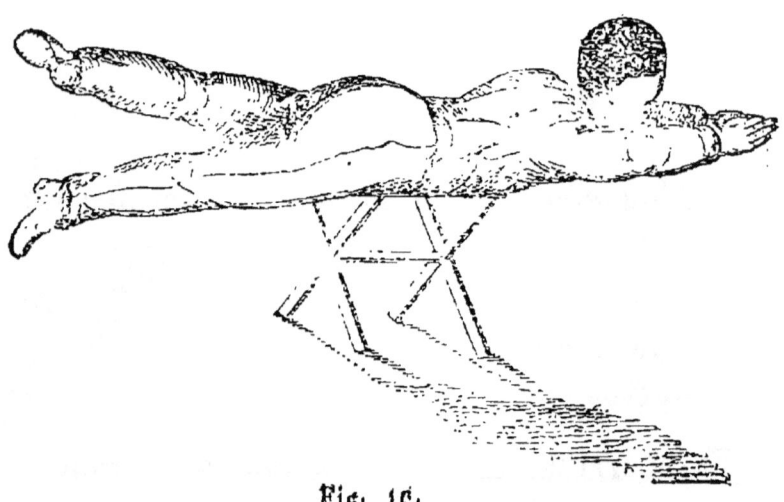

Fig. 10.

2. Rapprocher les genoux, les jambes tendues, séparer les mains à 0^m,16 (fig. 11).

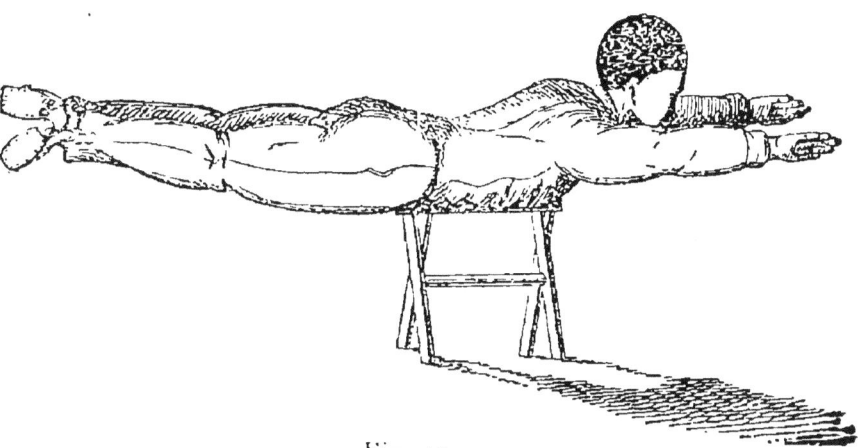

Fig. 11.

3. Décrire un demi-cercle de chaque main et rapprocher les talons des fesses (fig. 12).

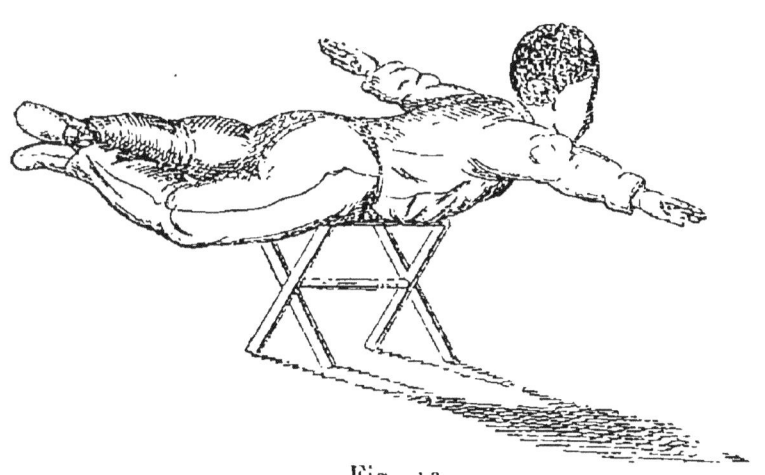

Fig. 12.

CHAPITRE II.

EXERCICES DANS L'EAU.

Art. 1ᵉʳ. — **Moyens de nager et de plonger.**

1ᵉʳ Exercice. — *Nager sur le ventre.*

La première fois qu'on met un homme à l'eau, et jusqu'à ce qu'il commence à nager, on le soutient par l'abdomen et les épaules au moyen de 2 cordes (dont l'une est attachée à une ceinture et dont l'autre fait l'office de brassière, fig. 13), que l'instructeur tient respectivement dans chaque main. Ce dernier fait appliquer les mouvements qu'il a enseignés sur le chevalet, et l'homme les exécute de mieux en mieux, au fur et à mesure qu'il reprend, dans l'eau, son assurance. On l'abandonne alors peu à peu à lui-même, en continuant à le surveiller jusqu'à ce qu'on ait acquis

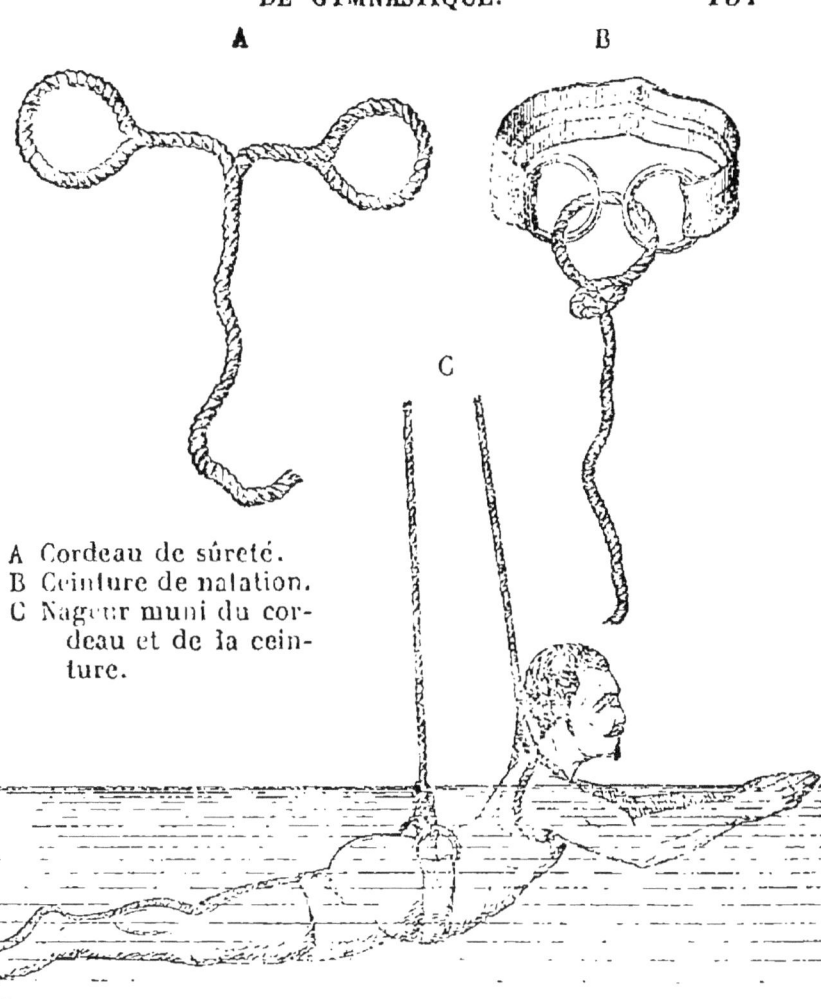

A Cordeau de sûreté.
B Ceinture de natation.
C Nageur muni du cordeau et de la ceinture.

Fig. 13.

La traverse et les anneaux A doivent être assez larges pour donner passage aux deux bras jusqu'à l'articulation supérieure et embrasser sans gêne la partie postérieure des épaules. On peut les faire établir de trois dimensions différentes suivant la taille et la carrure des hommes.

La longueur totale des cordeaux dépend de la profondeur de la rivière.

la certitude qu'il n'a plus d'appréhension et peut agir sans danger en pleine indépendance, comme nageur libre.

2ᵉ Exercice. — *Nager sur le dos.*

Lorsque l'homme sait bien nager sur le ventre, on l'exerce à se retourner sur le dos, les jambes étendues, et à se mouvoir ainsi à la surface de l'eau, pour se reposer, au moyen d'un mouvement horizontal des mains.

Pour avancer dans cette position, il rapproche les talons des fesses, les genoux écartés autant que possible, allonge vivement les jambes pour refouler l'eau en rapprochant les genoux, les mains aidant à ce mouvement.

3ᵉ Exercice. — *Plonger.*

Avant de faire plonger les hommes, on les habitue pendant quelque temps à remplir leurs poumons d'air et à l'y contenir le plus de temps possible sans le laisser circuler ; on les exerce ensuite à cacher leur tête sous l'eau pendant quelques secondes, les yeux ouverts, afin de se familiariser avec cet élément.

Pour plonger, l'homme s'élance la tête la première et gagne le fond de l'eau en nageant.

Pour revenir à la surface, il se place verticalement la tête en haut et nage dans cette position.

On habitue aussi les nageurs à sauter debout dans l'eau; dans ce cas, ils prennent un vigoureux élan et se jettent dans l'eau les pieds en avant, réunis et joints, les bras tendus le long des cuisses, la tête et le haut du corps légèrement inclinés en arrière.

Quand on se lance de très-haut, il est important de garantir avec une main les parties génitales, qui, sans cette précaution, pourraient recevoir un choc violent à la surface de l'eau.

Les élèves plongeurs sont toujours revêtus de la ceinture ou sangle munie d'une corde suffisamment longue tenue par le moniteur.

Art. II. — **Installation et matériel des écoles de natation. Règles à suivre dans ces écoles.**

Le mode d'installation d'une école de natation dépend en grande partie des localités, de la profondeur des eaux et de la nature de la rive. Néanmoins, il doit toujours comporter un pont flottant, de préférence un pont sur tonneaux, de 20 à 24 mètres de long sur $4^m,50$ de large et dont la construction, suivant les cas, est faite par les soins du génie ou des corps eux-mêmes, ou confiée à un entrepreneur.

Ce pont doit être d'un abord facile, horizontal, élevé au-dessus du niveau de l'eau d'une hauteur constante de $0^m,50$ à 1 mètre environ. La profondeur de l'eau là où se donnent les leçons (même élémentaires) doit être d'au moins $1^m,80$ à 2 mètres, et la communication du pont avec l'élément liquide doit être facilement établie au moyen d'échelles.

Chaque école de natation doit être pourvue au moins :

1° De 36 cordes-brassières de 3 à 4 mètres de longueur;

2° De 36 ceintures ou sangles de fil munies de cordes de 3 à 4 mètres;

3° De 36 perches pour accompagner l'élève qui a quitté la sangle;

4° De 4 bouées de sauvetage en liége et garnies de bouts de corde flottants;

5° De 2 bateaux toujours montés par des nageurs habiles et constamment en observation, surtout pendant les leçons d'application et de perfectionnement en pleine eau;

6° De quelques grands cordages dont la longueur et le nombre varient suivant les besoins;

7° De 120 caleçons bien confectionnés en forte toile de chanvre ou de coton;

8° D'un placard revêtu d'une affiche indiquant les premiers soins à prodiguer aux noyés;

9° De couvertures en laine, de brosses à friction et des principaux appareils pour rendre la vie aux asphyxiés;

10° D'un lit et d'une civière.

Ce matériel est placé sous la garde et la surveillance du gardien de l'école et sous la responsabilité de l'officier instructeur, il est exactement vérifié *chaque jour et, surtout, avant et après sa mise en service.*

Chaque fois qu'il sera possible de le faire, il sera convenable, et même utile, que les hommes puissent se déshabiller à l'ombre, sous des tentes ou autres abris temporaires en planches; ou autrement, un corps de garde placé sur les lieux, avec une consigne apparente, et un agent responsable des effets placés sous sa garde assureront partout le bon ordre et la régularité dans le service. Cet emploi peut être confié à un sous-officier ou même à un caporal.

Le pont flottant de chaque école de natation est monté et mis en service chaque année au commencement de la saison des bains et démonté et remisé à la fin de cette saison. L'ouverture et la fermeture des écoles de natation sont annuellement annoncées dans chaque place par la voie de l'ordre. Dans chaque corps les détachements de baigneurs sont conduits à l'eau aux heures indiquées par le tableau du travail journalier et ramenés au quartier par les officiers et sous-officiers de semaine qui veillent à ce que ces militaires s'échauffent le moins possible.

Les heures les plus convenables pour le bain sont de 5 à 9 heures du matin et de 3 à 7 dans la soirée.

On évite avec soin de se plonger dans l'eau le corps étant en sueur, et on commence par quelques aspersions sur la tête. Les hommes en transpiration ne doivent entrer à l'eau que quand ils sont tout à fait refroidis. Le bain doit surtout être interdit à celui qui se trouverait dans un état d'intempérance. Il faut, autant que possible, qu'il se soit écoulé trois heures au moins d'intervalle entre le dernier repas et le bain froid, ou que ce repas suive immédiatement l'exercice de la natation.

Au sortir de l'eau, il faut s'essuyer avec soin, s'habiller rapidement et se mettre en marche.

Afin que les leçons soient toutes données d'après les mêmes principes, avant l'ouverture de la saison, les moniteurs et les maîtres nageurs doivent être préalablement réunis, quel que soit leur savoir en natation, pour passer par tous les détails théoriques et pratiques de la présente instruction, qu'ils sont chargés d'appliquer, et avec laquelle ils doivent être bien familiarisés. Tous les hommes doivent avoir été suffisamment exercés aux divers mouvements préparatoires avant d'être mis à l'eau.

Il doit être établi, dans chaque com-

MANUEL

RÉGI

SITUATION NUMÉRIQUE, *présentant l'effectif*
à la date

DÉSIGNATION DES COMPAGNIES, ESCADRONS OU BATTERIES.	NOM du CAPITAINE COMMANDANT.	CLASSES.			
1	2	4ᵉ. 3	3ᵉ. 4	2ᵉ. 5	1ʳᵉ. 6
1ᵉʳ BATAILLON.	MM.				
1ʳᵉ Compagnie.......					
2ᵉ ————					
3ᵉ ————					
4ᵉ ————					
2ᵉ BATAILLON.					
1ʳᵉ Compagnie.......					
2ᵉ ————					
3ᵉ ————					
4ᵉ ————					
3ᵉ BATAILLON.					
1ʳᵉ Compagnie.......					
2ᵉ ————					
3ᵉ ————					
4ᵉ ————					
4ᵉ BATAILLON.					
1ʳᵉ Compagnie.......					
2ᵉ ————					
3ᵉ ————					
4ᵉ ————					
1ʳᵉ Compᵉ de dépôt..					
2ᵉ ———— ..					
	TOTAUX..........				

MENT D

du corps, réparti en quatre classes de nageurs, du

HOMMES DE LA 4ᵉ CLASSE passés à la			HOMMES de la 3ᵉ CLASSE passés à la		HOMMES de la 2ᵉ CLASSE passés à la 1ʳᵉ CLASSE.	OBSERVATIONS.
3ᵉ.	2ᵉ.	1ʳᵉ.	2ᵉ.	1ʳᵉ.		
7	8	9	10	11	12	13
						NOTA. Pour la situation à envoyer au commencement des exercices, les 7ᵉ, 8ᵉ, 9ᵉ, 10ᵉ, 11ᵉ, 12ᵉ colonnes seront supprimées.

À   , le   18   ,

LE CHEF DE CORPS,

pagnie, escadron ou batterie, un contrôle nominatif, comprenant tous les sous-officiers, caporaux et soldats, avec indication du degré de leur instruction en natation. A cet effet, ils sont divisés en quatre classes, comme il suit :

1re classe. Très-bons nageurs.
2e classe. Nageurs ordinaires.
3e classe. Nageant un peu.
4e classe. Ne sachant pas du tout nager.

Ce contrôle est modifié les 1er et 16 de chaque mois, d'après le rapport des officiers instructeurs.

Les baignades ne devant pas être considérées uniquement comme un bain de propreté et un exercice agréable et hygiénique, mais bien comme un enseignement militaire très-important et des plus utiles pour les soldats, il importe de faire produire à cet enseignement des résultats sérieux. Pour permettre d'apprécier ces résultats, chaque corps devra faire parvenir annuellement au Ministre de la guerre deux situations numériques conformes au modèle ci-joint, présentant l'effectif réparti en quatre classes de nageurs au commencement et à la clôture des exercices de natation.

Les 3e et 4e classes reçoivent l'instruction

élémentaire; la 2ᵉ, l'instruction de perfectionnement; la 1ʳᵉ, l'instruction d'application. Les élèves de la 4ᵉ classe sont toujours tenus sous l'abdomen et sous les bras par une sangle et une brassière à l'aide desquelles le maître nageur les tient à flot pendant qu'il donne la leçon.

Les élèves de la 3ᵉ classe sont d'abord conduits à la sangle et à la brassière comme ceux de la 4ᵉ classe, et ensuite menés à la perche; c'est-à-dire qu'ils se mettent à l'eau dégagés de tout lien et nageant seuls; mais le maître nageur, pour leur inspirer de la confiance, place devant eux l'extrémité d'une perche, qu'ils peuvent toujours saisir quand ils sont fatigués.

Les élèves de la 2ᵉ classe vont seuls, mais toujours sous la direction d'un moniteur et d'un maître nageur, pour 4 ou 5 hommes, jusqu'à ce qu'ils soient assez forts pour être tout à fait livrés à eux-mêmes sans danger.

Ils ne doivent pas s'éloigner à plus de 10 ou 15 mètres du pont, et ne jamais dépasser les limites fixées, en amont et en aval.

La 1ʳᵉ classe doit seule être exercée à nager sur le dos, à plonger, à faire des essais de sauvetage, de passage de rivière sans armes et avec armes et munitions; elle fait les pleine-eau, toujours en bon ordre, sous la surveillance des officiers et accompagnée par les barques de sauvetage.

Chaque classe doit être exercée séparément. Les leçons pour les 3ᵉ et 4ᵉ classes ne doivent pas dépasser la durée de vingt minutes à une demi-heure. Cette durée du cours peut être étendue à trois quarts d'heure pour la 2ᵉ classe et à une heure pour la 1ʳᵉ.

Autant que possible, les hommes des deux dernières classes doivent être exercés deux fois par semaine, ou au moins tous les cinq jours, pour ne pas perdre le fruit de la leçon précédente. Ces exercices peuvent être plus espacés pour les deux premières classes et se réduire même à une fois par semaine pour la 1ʳᵉ classe.

Un élève ne peut passer d'une classe à une autre que sur le rapport des moniteurs et par ordre de l'officier instructeur du bataillon.

Les leçons élémentaires des 3ᵉ et 4ᵉ classes sont données individuellement à raison d'un maître nageur par élève, et un moniteur pour 4 ou 5. Autant que possible, il ne faut pas exercer plus de 10 à 15 hommes à la fois, pour la surveillance desquels un officier suffit.

La distance nécessaire entre chaque élève qui reçoit la leçon élémentaire dans l'eau est de 2 à 3 mètres. L'espace à parcourir en totalité ne doit pas excéder 20 à 30 mètres; il est limité par des échelles, l'une descendante, l'autre montante, ce qui établit une succession continue et un repos sur le pont pour chaque homme, avant de se remettre à l'eau. Si le nombre des élèves est plus considérable, le pourtour du pont doit être divisé, au moyen d'échelles, en un certain nombre de séries, suivant son étendue.

Les cours de perfectionnement, faits à la 2ᵉ classe, se donnent simultanément, dans toute l'étendue du pont; les moniteurs et maîtres nageurs montant les barques de sauvetage empêchent de s'écarter au delà des limites prescrites. Les exercices d'application se font d'abord autour du pont, ensuite en pleine eau.

Pendant toute la durée des exercices de natation, le plus grand silence et le plus grand ordre doivent être strictement observés. La voix des officiers, des moniteurs et des maîtres nageurs doit seule se faire entendre ; ceux-ci ne doivent jamais perdre les élèves de vue et être toujours prêts à porter secours à la moindre appréhension d'un danger. C'est l'unique moyen de prévenir les accidents irréparables qui peuvent se produire presque instantanément.

Les barques de sauvetage sont dirigées chacune par un ou deux soldats mariniers et montées par deux des plus forts nageurs, lesquels, attachés à la barque par une longue corde fixée à leur ceinture, sont toujours prêts à se jeter à l'eau et à plonger, pour ramener à bord celui qui se trouverait en danger.

Ces barques ainsi montées, dont les nageurs ne doivent s'éloigner que de quelques mètres, accompagnent toutes les pleine-eau, les passages de rivière, etc., de manière à porter secours au premier indice de danger, partout où le besoin peut s'en faire sentir.

Autant que possible, l'espace limité pour les 4e, 3e et 2e classes est tracé sur la surface de l'eau par un cordage soutenu par des corps flottants de distance en distance.

Dans les passages de rivière, ce même cordage est tendu en aval, d'un bord à l'autre, un peu obliquement à la direction du courant.

Dans toute école de natation militaire, les baigneurs doivent, à défaut de caleçons, être couverts avec leur mouchoir plié. Cette règle doit être strictement observée.

Un des médecins du corps est présent à tous les exercices; il est porteur de sa trousse.

Avant la clôture de l'école de natation, il est procédé à un examen général des résultats obtenus pendant la saison. Les meilleurs élèves, ainsi que les moniteurs et maîtres nageurs qui les ont formés, sont récompensés par la mise de leur nom à l'ordre du jour.

Art. III. — Principales applications de la natation pour un militaire.

Parmi les nombreuses applications de la natation, les trois qui sont les plus utiles pour un militaire sont les suivantes :

1° Se tirer soi-même d'un danger résultant d'une submersion accidentelle;

2° Porter secours à son semblable en péril;

3° Être à même de pouvoir traverser des cours d'eau profonds et rapides instantanément, sans accessoires et même sans être forcé de se dessaisir de ses armes et de ses munitions.

Se tirer du danger en cas de submersion.

De bons nageurs, surpris par une chute accidentelle dans une eau profonde, périssent souvent, surtout s'ils sont embarrassés par leurs vêtements ou par un chargement quelconque. Cela tient à ce que, n'ayant point l'habitude de plonger, la peur et un commencement de suffocation leur font perdre la tête. Dès lors, leurs mouvements ne sont plus raisonnés, et en peu d'instants ils déterminent l'asphyxie. Pour les prémunir contre une pareille surprise, on fera tour à tour et, à plusieurs reprises, sauter à l'eau et plonger tous les hommes de la 1re classe, d'abord dépourvus de leurs vêtements, ensuite complétement habillés avec de vieux effets, jusqu'à ce qu'ils aient perdu toute appréhension. Puis enfin, on exécutera les mêmes exercices avec les armes, le sac au dos pour l'infanterie et le sabre au côté pour le cavalier.

Mais, afin d'éviter tout accident, le nageur habillé et équipé sera, quelle que soit sa force, tenu en laisse par un cordeau d'une longueur convenable, fixé à une sangle passée sous ses bras.

Pour le fantassin équipé, la première chose qu'il doit faire dès qu'il se sent submergé est de se débarrasser de son fusil en l'abandonnant, et de son sac en faisant passer la bretelle par-dessus l'épaule pour dégager rapidement ses bras; puis, par un fort coup de jarret, il remontera à la surface, reprendra haleine et regagnera le plus directement possible l'endroit propice à son sauvetage, sans toutefois trop précipiter ses mouvements, afin de ménager ses forces.

Porter secours à une personne en danger de se noyer.

Toute personne en danger de se noyer perd la tête; ses mouvements sont désordonnés et presque tous tendent à la submerger. Dans sa détresse, elle cherche instinctivement à saisir tout ce qui se présente à sa portée, et quand elle y parvient, elle le fait avec une force convulsive si considérable, qu'il est presque impossible de l'en détacher.

Le sauveteur doit donc éviter, avec le plus grand soin, d'être atteint par celui à qui il cherche à porter secours, car il s'exposerait à faire deux victimes au lieu d'une.

Si la personne en danger est en vue, qu'elle surnage ou qu'elle flotte entre deux eaux, il faut aussitôt que possible se débarrasser de ses vêtements flottants et se diriger rapidement vers elle en prenant le haut du courant, puis, dès qu'on est arrivé à distance, prendre le moment où elle tourne le dos et la saisir sous les aisselles avec les deux mains, les bras fortement tendus en avant en la soutenant et la redressant, de manière que sa tête sorte de l'eau; on la pousse ainsi en avant de soi, en nageant vigoureusement dans la direction de l'endroit le plus propice au sauvetage.

Dans le cas d'une fatigue excessive, ou bien si la personne en danger venait à se retourner pour appréhender le sauveteur, il faut l'abandonner immédiatement, reprendre haleine sans la perdre de vue, la ressaisir de nouveau et la diriger vers le rivage dès qu'elle se trouve dans une position convenable.

Un homme qui secourt un autre homme plus fort que lui, doit même, dans certains cas, attendre, par prudence, que celui qu'il cherche à sauver ait perdu le sentiment afin de l'aborder de nouveau.

Le nageur saisi par un homme qui se noie ne pourra se dégager qu'en gardant tout son sang-froid. Du moment qu'il est étreint et qu'il se sent prêt à couler, il doit prendre haleine, engager vivement les doigts de ses deux mains sous l'extrémité de ceux qui les serrent, les ouvrir par un effort violent et brusque, puis, au même instant, se dégager par une secousse, s'échapper rapidement et aller attendre à l'écart le moment opportun pour ressaisir convenablement le noyé.

Passage d'un cours d'eau à la nage, avec armes et munitions.

Cette opération peut s'effectuer de deux manières différentes, suivant que les armes et munitions sont transportées sur des corps flottants ou que le nageur en est lui-même chargé. C'est une opération toujours difficile, qui ne s'effectuera avec succès que par des hommes déjà exercés.

En principe général, le nageur doit, le moins possible, embarrasser ses mains et ses bras : leurs mouvements, bien ordonnés, lui procurent le principal moyen dont il dispose pour équilibrer son poids avec celui du liquide qu'il déplace.

Chaque fois qu'il lui sera possible de façonner, sur le rivage, un radeau avec des corps légers tels que : fagots, fûts, planches, etc. il devra en profiter, en les réunissant en quantité suffisante pour qu'ils puissent porter, hors du contact de l'eau, ses vêtements, ses armes et ses munitions; celles-ci doivent, pour plus de sûreté, être, autant que possible, mises dans une gamelle ou dans un seau.

Le radeau fait, on y attache une cordelle suffisamment longue, terminée par une boucle; le nageur y engage le sommet de la tête, jusqu'au front, la visière de la casquette ou du shako servant d'appui; puis, précédant son radeau et gagnant de l'avant, il le remorque, par des efforts successifs, jusqu'à la rive opposée.

Si le radeau peut porter les effets de plusieurs nageurs, un ou deux le remorqueront de cette manière, et les autres venant ensuite le dirigeront en le poussant en avant. Arrivé au port, il y sera fortement amarré, et chacun reprendra ses vêtements et ses armes.

Lorsqu'il s'agit de traverser un cours

d'eau et de porter les effets et les armes sur soi, on procède de la manière suivante, qui paraît la plus simple et la plus sûre.

Le nageur, si c'est un fantassin, se débarrasse de sa capote, de son ceinturon et de son sac; il débouche la bretelle de son fusil, qu'il détend jusqu'à ce que la boucle s'appuie sur le battant de crosse; puis, avec son mouchoir, il fait, un peu au-dessous de la grenadière, une ligature, qui fixe la bretelle au bois du fusil, de manière à former une large boucle avec la partie de cette bretelle comprise entre la ligature et le battant de crosse.

Au moment d'entrer dans l'eau, le nageur placera un ou deux paquets de cartouches dans son shako ou dans sa casquette, qu'il fixera solidement sur sa tête; puis, élevant horizontalement son fusil, le canon en arrière, le levier en dessous, la crosse à droite, un peu plus élevée que le canon, il engagera la tête dans la boucle de la bretelle, jusqu'à ce que celle-ci s'appuie sur la visière de sa coiffure.

Dans cette position d'équilibre, l'arme est placée obliquement au corps de l'homme, le levier un peu au-dessus de la nuque, le fût du fusil légèrement appuyé sur l'omoplate gauche, de manière à ne gêner aucun mouvement. La baïonnette peut être laissée dans son fourreau, ou, à défaut de celui-ci, être placée au bout du canon.

Ainsi équipé, le nageur entrera dans l'eau marchant avec prudence vers la rive opposée tant qu'il sentira le fond sous ses pieds; puis, quand il lui manquera, il se mettra à nager avec calme et dans une position peu inclinée, en déployant bien ses mouvements, sans chercher à gagner en vitesse, ni à couper trop directement le courant, mais en vue de diminuer sa fatigue et de conserver longtemps ses forces et son sang-froid.

Si la rivière doit être franchie simultanément par plusieurs nageurs, il faut qu'ils soient espacés les uns des autres et à la file, de manière à ne pas se nuire réciproquement.

Il va sans dire que le point d'atterrissement doit avoir été bien observé d'avance, et que celui de la descente dans l'eau doit être déterminé en conséquence.

Si l'homme doit faire feu, il se sert de son mouchoir en guise de cartouchière, et il y place successivement ses paquets, à mesure qu'il les entame.

Ces exercices seront faits avec des armes hors de service, et ils auront lieu d'abord individuellement et ensuite collectivement, les bateaux de sauvetage ne s'écartant jamais des nageurs.

QUATRIÈME PARTIE.

BOXE FRANÇAISE.

L'Instruction sur LA BOXE FRANÇAISE comprend deux chapitres.

CHAPITRE PREMIER.

ARTICLE Ier. — **Coups simples (3 leçons, 14 exercices).**

ARTICLE II. — **Coups composés (11 leçons, 17 exercices).**

CHAPITRE II.

ARTICLE Ier. — **Attaques, parades et ripostes (2 leçons, 2 exercices).**

ARTICLE II. — **Salut et assaut.**

RÈGLES GÉNÉRALES.

Les exercices de boxe sont enseignés par groupes de 10 à 15 hommes, auxquels sont attachés des instructeurs.

Les hommes sont disposés sur deux rangs, espacés de 4 pas, et ont, entre eux, 4 pas d'intervalle.

CHAPITRE PREMIER.

Art. Ier. — Coups simples.

Tous les coups sont décrits en partant de la position de la garde.

1re Leçon.

1er Exercice. — Mise en garde en 2 temps et position d'attention.

2e Exercice. — Changement de garde en 2 temps.

3e Exercice. — Marcher en 1 temps.

4e Exercice. — Rompre en 1 temps.

5ᵉ Exercice. — Passement de pied en avant, en 2 temps.

6ᵉ Exercice. — Passement de pied en arrière, en 2 temps.

2ᵉ Leçon.

1ᵉʳ Exercice. — Coup de poing droit en 2 temps.

2ᵉ Exercice. — Coup de poing de masse en 3 temps.

3ᵉ Exercice. — Coup de poing de revers en 2 temps.

3ᵉ Leçon.

1ᵉʳ Exercice. — Coup de pied bas en 2 temps.

2ᵉ Exercice. — Coup de pied brisé en arrière, en 3 temps.

3ᵉ Exercice. — Coup de pied brisé de flanc ou de figure, en 3 temps.

4ᵉ Exercice. — Coup de pied brisé tournant en avant, en 3 temps.

5ᵉ Exercice. — Coup de pied brisé tournant en arrière, en 4 temps.

156   MANUEL

1ʳᵉ LEÇON.

1ᵉʳ Exercice.

Mise en garde en 2 temps et position d'attention.

EN GARDE.

1. Étant à la position du soldat sans

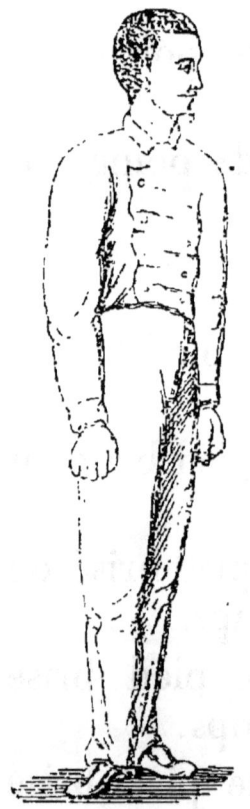
Fig. 1.

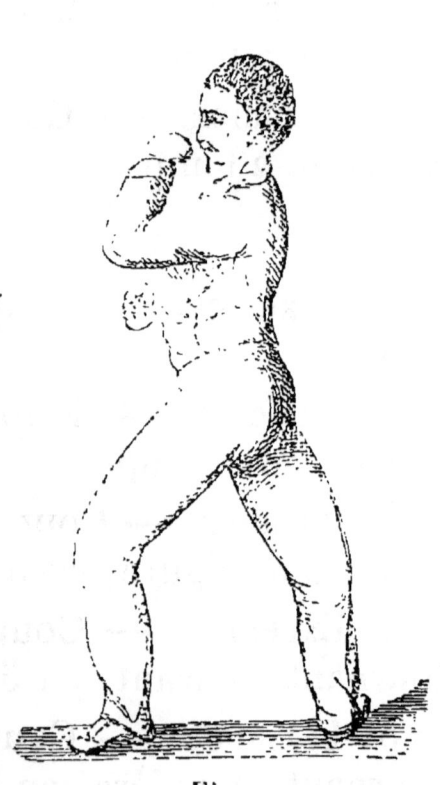
Fig. 2.

armes, faire un demi à-droite, les pieds en équerre, sans désunir les talons (fig. 1).

2. Porter le pied gauche à environ 0^m,50 en avant et vis-à-vis le talon droit, le corps d'aplomb sur les hanches, les jambes légèrement ployées, placer l'avant-bras gauche verticalement en avant, la main fermée, inclinée légèrement à droite et à hauteur du menton; l'avant-bras droit placé horizontalement en avant, le poing à hauteur du milieu de la ceinture (fig 2).

ATTENTION.

Rapporter le talon gauche en arrière, à côté de l'autre, et prendre la position du soldat sans armes, tout en gardant l'immobilité et en continuant de fixer l'attention.

2e Exercice.

Changement de garde, en 2 temps.

EN GARDE.

1. Se redresser, en rapportant le talon gauche contre le droit, les pieds en équerre, les bras restant dans la position de la garde.

2. Porter le pied droit à 0^m,50 en avant du gauche, vis-à-vis du talon, à la position de la garde.

Nota. Commandez MARCHE et HALTE, pour les quatre derniers exercices de la 1re leçon.

3e Exercice.

Marcher en 1 temps.

1. Porter le pied droit à environ 0^m,50 en avant du gauche, en reprenant la garde.

4e Exercice.

Rompre en 1 temps.

1. Porter le pied gauche à environ 0^m,50 en arrière du talon droit, en reprenant la garde.

5e Exercice.

Passement de pied en avant, en 2 temps.

1. Porter le pied droit à environ 0^m,20 en avant du gauche et par devant ce pied, la pointe tournée en dehors.
2. Rapporter le pied gauche en avant, en reprenant la garde.

6e Exercice.

Passement de pied en arrière, en 2 temps.

1. Porter le pied gauche à environ 0^m,20

DE GYMNASTIQUE. 159

Fig. 3.

en arrière du droit et par derrière ce pied, en conservant la pointe du pied en avant, et perpendiculaire au talon.

2. Rapporter le pied droit en arrière, en reprenant la garde.

2ᵉ LEÇON.

On commande: COMMENCEZ et CESSEZ, pour tous les exercices de la 2ᵉ leçon. On commence les coups de poing par la partie droite.

1ᵉʳ Exercice.

Coup de poing droit, en 2 temps (fig. 3).

1. Retirer vivement le coude en arrière, le poing à hauteur de la ceinture.

2. Lancer avec force le poing en avant, en déployant le bras et en lâchant l'épaule.

2ᵉ Exercice.

Coup de poing de masse en 3 temps.

1. Laisser tomber le bras droit à 0ᵐ,16 de la cuisse droite, le poing fermé, les ongles en dehors (fig. 4.)

Fig. 4.

2. Donner du poing droit un coup de poing en avant, de droite à gauche et à hauteur de la tête, en fléchissant le jarret gauche et en tendant le droit (fig. 5).

3. Reprendre la position de la garde.

Fig. 5.

3ᵉ Exercice.

Coup de poing de revers en 2 temps (fig. 6).

Fig. 6.

1. Donner un coup de poing en arrière, avec le dessus de la main droite, en allongeant le bras, les yeux suivant le mouvement de la main.

2. Reprendre la position de la garde.

DE GYMNASTIQUE.

3ᵉ LEÇON.

1ᵉʳ Exercice.

Coup de pied bas en 2 temps.

1. Allonger le plus vivement possible la jambe droite en avant, la pointe du pied tournée en dehors, les cuisses réunies, le corps penché en arrière et en équilibre sur la jambe gauche, le jarret fléchi, les bras aidant au mouvement (fig. 7).

Fig. 7.

2. Reprendre la position de la garde.

2ᵉ Exercice.

Coup de pied brisé en arrière, en 3 temps.

1. Pencher le corps en avant en équilibre sur la jambe gauche, les bras aidant au mouvement; élever en même temps la jambe droite ployée en arrière, et placer la cuisse horizontale, le genou et le pied à hauteur de la cuisse (fig. 8).

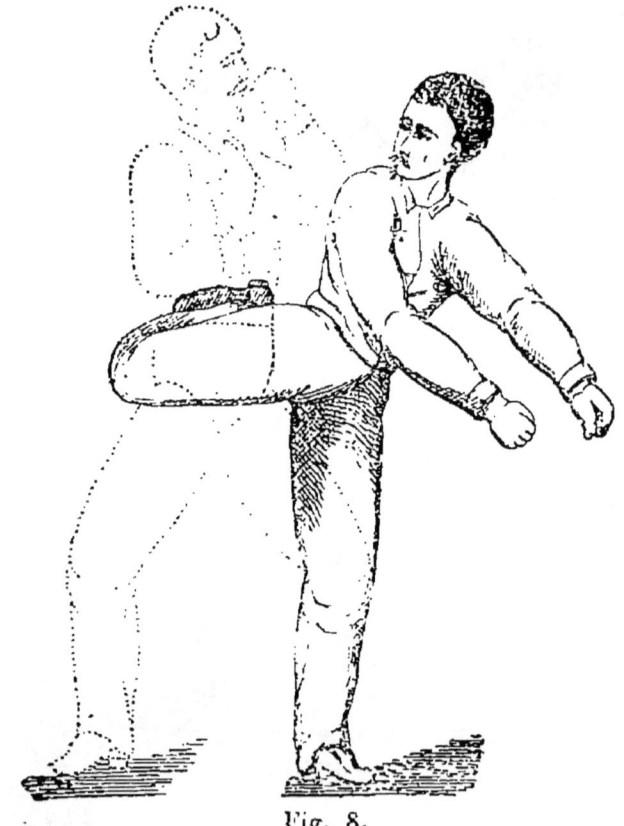

Fig. 8.

2. Allonger vivement la jambe droite en arrière, le plus haut possible en tendant le jarret, et la fléchir en se redressant (fig. 9).

3. Replacer le pied droit et reprendre la garde.

Fig. 9.

3ᵉ Exercice.

Coup de pied brisé de flanc (ou de figure), en 3 temps.

1. Porter le poids du corps sur la jambe

gauche, en tournant sur la pointe du pied gauche, de manière à mettre le talon en avant; pencher en même temps le corps en arrière, en équilibre sur la jambe gauche,

Fig. 10.

les bras aidant au mouvement; élever en même temps la jambe droite ployée en avant, la cuisse horizontale, le genou et le pied à hauteur de la cuisse (fig. 10),

2. Allonger vivement la jambe droite en avant, à hauteur du flanc ou de la figure en tendant le jarret, et la fléchir aussitôt en se redressant.

3. Tourner à droite sur la pointe du pied gauche, et reprendre la garde en arrière de ce pied.

4ᵉ Exercice.

Coup de pied brisé tournant en avant, en 3 temps.

1. Porter le poids du corps sur la jambe gauche en tournant sur la pointe du pied gauche, de manière à mettre le talon en avant; pencher en même temps le corps en équilibre sur la jambe gauche, les bras aidant au mouvement; élever en même temps la jambe droite ployée en avant, la cuisse horizontale, le genou et le pied à hauteur de la cuisse (fig. 10).

2. Allonger vivement la jambe droite en avant, le plus haut possible, en tendant le jarret, et la fléchir aussitôt en se redressant.

3. Tourner à gauche sur la pointe du pied gauche, et reprendre la garde en arrière de ce pied.

5ᵉ Exercice.

Coup de pied brisé tournant en arrière, en 4 temps.

1. Faire face en arrière, tenant sur la

Fig. 11.

pointe du pied gauche, le poids du corps sur la jambe droite, la jambe gauche un peu ployée, le talon en avant, la pointe du pied pinçant le sol, les bras légèrement ployés en avant (fig. 11).

2. Porter le poids du corps sur la jambe gauche, en posant le talon à terre, pencher le corps en arrière à la position d'équilibre, et placer la jambe droite ployée en avant à la position du coup de pied (fig. 12).

Fig. 2.

3. Donner le coup de pied en avant, en tendant le jarret, et se redresser comme ci-dessus.

4. Tourner à droite sur la pointe du pied gauche, et reprendre la garde en arrière de ce pied.

Art. II. — Coups composés.

Les 4ᵉ, 5ᵉ, 6ᵉ, 7ᵉ, 8ᵉ et 9ᵉ leçons s'exécutent en marchant et en rompant, aux commandements de MARCHE et HALTE.

4ᵉ Leçon.

1ᵉʳ EXERCICE. — Marcher en 2 temps.
2ᵉ EXERCICE. — Rompre en 4 temps.

5ᵉ Leçon.

1ᵉʳ EXERCICE. — Marcher en 4 temps.
2ᵉ EXERCICE. — Rompre en 6 temps.

6ᵉ Leçon.

1ᵉʳ EXERCICE. — Marcher en 8 temps.
2ᵉ EXERCICE. — Rompre en 6 temps.

7ᵉ Leçon.

1ᵉʳ EXERCICE. — Marcher en 6 temps.
2ᵉ EXERCICE. — Rompre en 6 temps.

DE GYMNASTIQUE. 171

8ᵉ Leçon.

1ᵉʳ Exercice. — Marcher en 4 temps.
2ᵉ Exercice. — Rompre en 9 temps.

9ᵉ Leçon.

1ᵉʳ Exercice. — Marcher en 4 temps.
2ᵉ Exercice. — Rompre en 10 temps.

10ᵉ, 11ᵉ, 12ᵉ, 13ᵉ et 14ᵉ Leçons.

Combinaison variée des coups décrits dans les neuf premières leçons.

4ᵉ LEÇON (en 6 temps).

Marcher en 2 temps.

Un coup de poing (1 temps) et marcher (1 temps) en changeant de garde à chaque pas.

Rompre en 4 temps.

Un coup de poing (1 temps), coup de pied bas (2 temps) et rompre (1 temps), en changeant de garde à chaque pas.

5ᵉ LEÇON (*en 10 temps*).

Marcher en 4 temps.

Trois coups de poing (3 temps), et marcher (1 temps).

Rompre en 6 temps.

Trois coups de poing (3 temps), coup de pied bas (2 temps), et rompre (1 temps).

6ᵉ LEÇON (*en 14 temps*).

Marcher en 8 temps.

Trois coups de poing (3 temps), coup de pied bas (1 temps), tourner sur la pointe du pied gauche et prendre la position de la garde, face en arrière (1 temps), passement de pied et coup de pied en arrière (2 temps), reprendre la garde, face en avant (1 temps).

Rompre en 6 temps.

Rompre comme à la 5ᵉ leçon.

7ᵉ LEÇON (*en 12 temps*).

Marcher en 6 temps.

Trois coups de poing (3 temps), coup de pied bas et coup de pied brisé en avant, en tournant légèrement sur la pointe du pied gauche, le talon en avant, le corps effacé (2 temps), reprendre la garde en avant (1 temps).

Rompre en 6 temps.

Rompre comme à la 5ᵉ leçon.

8ᵉ LEÇON (*en 13 temps*).

Marcher en 4 temps.

Se porter en avant comme à la 5ᵉ leçon.

Rompre en 9 temps.

Trois coups de poing (3 temps), **coup de pied bas** (2 temps), rompre (1 temps), fléchir la jambe en arrière (1 temps), **coup de pied brisé tournant en avant (1 temps),** reprendre la garde (1 temps).

9ᵉ LEÇON (*en 14 temps*).

Marcher en 4 temps.

Se porter en avant comme à la 5ᵉ leçon.

Rompre en 10 temps.

Trois coups de poing (3 temps), **coup de**

pied bas (2 temps), rompre (1 temps), fléchir la jambe en arrière et faire face en arrière, le talon droit en avant (2 temps), coup de pied brisé tournant (1 temps), reprendre la garde en arrière (1 temps).

Les 10°, 11°, 12°, 13° et 14° leçons s'exécutent sur les quatre faces, et au commandement de MARCHE.

10° LEÇON (en 11 temps).

Trois coups de poing (3 temps), coup de pied bas (2 temps), faire face en arrière en tournant sur les deux talons (1 temps), coup de pied bas de la jambe gauche, et replacer cette jambe en arrière, le talon en l'air, la pointe du pied pinçant le sol (2 temps), coup de pied brisé en arrière (1 temps), faire face en arrière et à droite, en tournant le corps en équilibre sur le pied gauche, et porter le pied droit à 0^m,50 en avant du gauche (1 temps), faire un sursaut en sautant sur la pointe du pied droit, et poser le pied gauche à terre en avant du droit en reprenant la garde (1 temps); continuer ainsi sur les quatre faces.

11° LEÇON (en 8 temps).

Coup de poing de masse (2 temps),

rompre (1 temps), coup de poing de revers en faisant face en arrière (1 temps), coup de pied de pointe, en élevant la jambe le plus haut possible en avant (1 temps), coup de pied brisé en arrière (1 temps), porter le pied droit vers la droite, à 0^m,50, en faisant face de ce côté (1 temps), faire un sursaut et tomber en garde (1 temps); continuer ainsi sur les quatre faces.

12ᵉ LEÇON (*en 9 temps.*)

Trois coups de poing (3 temps), coup de pied bas (2 temps), passement de pied en arrière (1 temps), coup de pied brisé en arrière (1 temps), faire face en arrière et à droite comme à la 10ᵉ leçon (1 temps), faire un sursaut et tomber en garde (1 temps); continuer ainsi sur les quatre faces.

13ᵉ LEÇON (*en 8 temps*).

Passement de pied en avant (1 temps), faire un sursaut sur le pied droit en portant le pied gauche à 0^m,50 en avant, le bras droit en arrière, le poing à hauteur de la ceinture en position d'attaque (1 temps), coup de poing droit (1 temps), fléchir la jambe gauche en arrière, coup de pied brisé en avant de la jambe droite (2 temps), passement de ce pied en avant du gauche (1 temps), coup de pied brisé en arrière de la jambe gauche (1 temps), reprendre la garde face à droite (1 temps); continuer ainsi sur les quatre faces.

14ᵉ LEÇON (*en 9 temps*).

Coup de poing de revers du poing gauche et coup de poing droit du poing droit (2 temps), coup de poing de revers du poing droit (1 temps), coup de pied bas de jambe droite et faire face en arrière en tournant à gauche et en sautant sur le pied gauche (2 temps), coup de pied bas et coup de pied brisé en arrière de la jambe droite (2 temps), reprendre la garde en arrière et faire face à droite (1 temps), continuer ainsi sur les quatre faces.

CHAPITRE II.

Art. 1ᵉʳ. — **Attaques, parades et ripostes.**

15ᵉ Leçon.

1ᵉʳ Exercice. — Attaques par un coup simple.

2ᵉ Exercice. — Attaques et parades simples.

16ᵉ Leçon.

1ᵉʳ Exercice. — Attaques, parades et ripostes simples.

2ᵉ Exercice. — Attaques et parades simples et ripostes diverses.

On doit observer les règles suivantes :

1° Mettre les élèves face à face, à la position de la garde :

Pour les coups de poing, les pieds gauches se touchant par la pointe ; pour les coups de pied, à un pas d'intervalle.

2° Chacun des élèves remplit alternativement le rôle d'instructeur, et dans ce cas, prend la parade du coup porté. On porte le coup à parer, après avoir commandé l'attaque ou la parade correspondante.

3° Faire exécuter d'abord de pied ferme, dans les deux gardes, et ensuite en marchant et en rompant.

4° Dès que tous les exercices sont connus, en faire faire l'application à l'assaut, tout en continuant de surveiller les élèves.

15ᵉ LEÇON.

1ᵉʳ Exercice.

Attaques par un coup simple.

Tendre le jarret en arrière, pour porter les coups de poing.

1. { 1. Par un coup de poing droit ATTAQUEZ.
     2. EN GARDE.
2. Coup de poing de masse.
3. Coup de poing de revers à droite. (Faire face en arrière, porter le pied droit à droite à 0ᵐ,50 du gauche.)
4. Coup de pied bas.
5. Coup de pied de flanc, ou de figure. (Faire face à droite ou à gauche.)
6. Coup de pied brisé tournant en avant. (Faire face en arrière.)
7. Coup de pied brisé tournant en arrière. (Faire face en arrière.)

2ᵉ Exercice.

Attaques et parades simples.

1. { 1. Le coup de poing droit. (Parer avec l'avant-bras gauche, en dessus.) PAREZ.
     2. EN GARDE.

DE GYMNASTIQUE. 179

Fig. 13.

2. Le coup de poing de masse. (Parer avec l'avant-bras gauche en dehors.)

3. Coup de poing de revers à droite. (Parer avec l'avant-bras gauche, à droite.)

4. Coup de pied bas. (Parer en fléchissant la jambe gauche en arrière, le corps en équilibre sur la jambe droite) (fig. 13).

5. Coup de pied de flanc ou de figure. (Parer avec l'avant-bras gauche en dehors.)

6. Coup de pied brisé tournant en avant. (Parer de la main gauche, de gauche à droite.)

7. Coup de pied brisé tournant en arrière (Parer de la main droite, de droite à gauche.)

16ᵉ LEÇON.

1ᵉʳ Exercice.

Attaques, parades et ripostes simples.

Faire riposter par le même coup qui est paré.

1. { 1. Pour le coup de poing droit, PAREZ et RIPOSTEZ.
   2. EN GARDE.
2. Coup de poing de masse.
3. Coup de poing de revers à droite.
4. Coup de pied bas.
5. Coup de pied brisé de flanc ou de figure.
6. Coup de pied brisé tournant en avant.
7. Coup de pied brisé tournant en arrière.

2ᵉ Exercice.

Attaques et parades simples. Ripostes diverses.

Faire riposter par un autre coup que celui qui est porté.

1. { 1. Pour le coup de poing droit : PAREZ et RIPOSTEZ par un coup de pied bas.
   2. EN GARDE.
2. Coup de poing de masse, RIPOSTEZ par un coup de poing droit.

3. Coup de pied brisé en avant, RIPOSTEZ par un coup de pied bas.

4. Coup de pied brisé tournant en avant, RIPOSTEZ par un coup de pied brisé en avant.

5. Coup de pied bas, RIPOSTEZ par un coup de pied brisé tournant en arrière.

Art. II. — Salut et assaut.

1ᵉʳ Exercice.

Pour le salut.

ATTENTION.

1. Étant à la position du soldat sans armes, élever le bras droit tendu en avant, la main ouverte, la paume en avant, les doigts levés; placer la main gauche sous l'aisselle droite, le pouce en dessus, les autres doigts en dessous.

2ᵉ Exercice.

Saluez en 8 temps.

MARCHE.

1. Se fendre de la jambe droite, à environ 0^m,65 à droite, la jambe gauche tendue.
2. Se relever en rapportant le talon droit

contre le gauche, le bras droit restant tendu à droite.

3. Placer la main droite sous l'aisselle gauche, en tendant le bras gauche à gauche, et se fendre de la jambe gauche de ce côté, comme il a été prescrit pour la jambe droite.

4. Se relever en rapportant le talon gauche contre le droit, le bras gauche tendu à gauche.

5. Se remettre face en avant, en faisant un à-droite, les pieds en équerre.

6. Avancer le pied gauche et prendre la position de la garde.

7 et 8. Frapper légèrement le sol deux fois de suite avec le pied gauche, le corps restant immobile.

3ᵉ Exercice.

1ᵉʳ rang, 12ᵉ leçon en 9 temps.

MARCHE.

Comme il a été prescrit.

4ᵉ Exercice.

2ᵉ rang, 14ᵉ leçon en 9 temps.

MARCHE.

Comme il a été prescrit.

5ᵉ Exercice.

Voltez en 3 temps.

MARCHE.

1. Placer les bras à la position d'attention, faire face en arrière en pivotant sur la pointe du pied gauche, poser le pied droit à terre.
2. Sauter légèrement sur la pointe du pied droit, jeter le pied gauche perpendiculairement en arrière à 0ᵐ,50 du droit en achevant la volte.
3. Rapprocher le talon droit contre le gauche.

Saluez en 8 temps.

MARCHE.

1 à 8. Comme il a été prescrit.

Assaut.

Pour l'exécution de l'assaut, on se conformera aux principes énoncés dans les exercices précédents, et on observera les règles suivantes :

1° L'assaut a toujours lieu avec gants.

2° Les attaques et les ripostes de coups de poing et de coups de pied bas se font le plus près possible de l'adversaire; celles de coups de pied, au contraire, doivent se faire à une distance très-large, afin de bien développer la jambe, d'adoucir le coup et de rendre la parade plus facile.

3° Les adversaires doivent s'attaquer alternativement.

4° On ne doit jamais, comme attaque, porter deux coups immédiatement, si ce n'est le premier comme feinte et le second comme coup véritable.

5° L'adversaire qui est attaqué ne doit riposter qu'autant qu'il a paré et qu'il n'a pas été touché.

6° Les adversaires doivent éviter de s'attaquer simultanément (ce qu'on appelle coup fourré); ces attaques sont nulles et très-dangereuses; elles prouvent que l'élève manque de jugement.

7° On ne doit jamais prendre la jambe de son adversaire; éviter également les prises de corps.

8° Les coups d'arrêt ne s'emploient que lorsque l'adversaire se jette trop brusquement sur vous, ou bien si on ne peut rompre pour cause d'accident de terrain, mais jamais sur une attaque franche.

9° Lorsqu'on est touché, on doit l'annoncer à haute voix (Touché!) et continuer aussitôt, ce qui est alors une nouvelle attaque.

Nota. Quand on voudra utiliser les exercices de boxe comme moyen d'assouplissement, on pourra à la rigueur se borner à ne faire exécuter que les 1re, 2e, 3e, 15e et 16e leçons.

CINQUIÈME PARTIE.

BÂTON ET CANNE.

L'Instruction sur le BÂTON comprend deux chapitres.

CHAPITRE PREMIER.

Article Ier. — **Coups simples**
(4 leçons, 22 exercices).

Article II. — **Coups composés**
(10 leçons, 10 exercices).

CHAPITRE II.

Article Ier. — **Attaques, parades et ripostes**
(2 leçons, 4 exercices).

Article II. — **Salut et assaut.**

RÈGLES GÉNÉRALES.

Les exercices du bâton sont enseignés par groupes de 10 à 15 hommes auxquels sont attachés des instructeurs. Les hommes sont disposés sur deux rangs espacés de 4 pas, et ont entre eux 4 pas d'intervalle.

Le bâton employé a une longueur en harmonie avec la taille de l'homme qui l'emploie, et telle que le bâton, étant placé verticalement devant le milieu du corps, vienne de son extrémité supérieure affleurer la pointe du nez.

Le bâton, provenant d'une gaule en noisetier ou en aulne noir, doit être à la fois flexible et résistant et avoir, à sa base la plus large, un diamètre de 2 centimètres et demi.

CHAPITRE PREMIER.

Article Ier. — Coups simples.

Tous les mouvements sont décrits, en partant de la position de la garde.

1re leçon.

1er Exercice. — Position d'attention.
2e Exercice. — Mise en garde en 3 temps et retour à la position d'attention.

2e leçon.

1er Exercice. — Moulinets en 1 temps.
2e Exercice. — Brisés en 2 temps.
3e Exercice. — Enlevés en 2 temps.
4e Exercice. — En avant (ou en arrière) par des moulinets, brisés ou enlevés.

3e leçon.

1er Exercice. — Parade de tête, les mains écartées.
2e Exercice. — Parade de tête, les mains réunies.

3ᵉ Exercice. — Parade de corps, les mains écartées.

4ᵉ Exercice. — Parade de corps, les mains réunies.

5ᵉ Exercice. — Parade de tête, les mains écartées, en rompant.

6ᵉ Exercice. — Parade de tête, les mains réunies, en rompant.

7ᵉ Exercice. — Parade de corps, les mains écartées, en rompant.

8ᵉ Exercice. — Parade de corps, les mains réunies, en rompant.

4ᵉ leçon.

1ᵉʳ Exercice. — Coup de bout de pointe.

2ᵉ Exercice. — Coup de bout de talon.

3ᵉ Exercice. — Coup de figure à droite.

4ᵉ Exercice. — Coup de figure à gauche.

5ᵉ Exercice. — Coup de tête à droite.

6ᵉ Exercice. — Coup de tête à gauche.

7ᵉ Exercice. — Coup de flanc à droite.

8ᵉ Exercice. — Coup de flanc à gauche.

1re LEÇON.

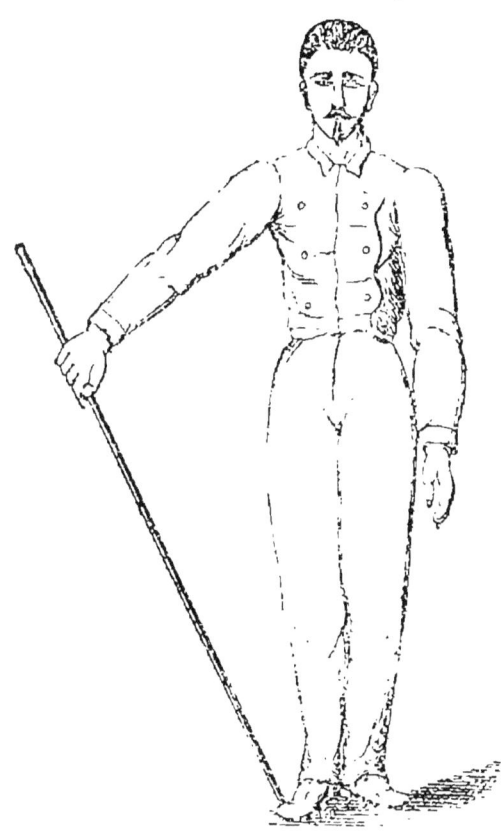

Fig. 1.

1er Exercice.

Position d'attention.

ATTENTION.

Étant à la position du soldat sans armes, saisir le bâton avec la main droite et à 0^m,30 du talon et le placer, la pointe à côté et contre la pointe du pied droit, la bras droit allongé vers la droite, le dessus de la main en avant, le bras gauche tombant naturellement (fig. 1).

2e Exercice.

MISE EN GARDE EN 3 TEMPS ET RETOUR
À LA POSITION D'ATTENTION.

Mise en garde, en 3 temps.

EN GARDE.

1. Étant à la position d'attention, élever le bâton en avant, le bras allongé, la main à hauteur des yeux, les ongles en dessous, le bâton placé horizontalement; faire en même temps un demi-à-gauche, les pieds en équerre, les talons réunis (fig. 2).

2. Faire décrire au bâton un cercle à gauche, de haut en bas, en ployant l'avant-

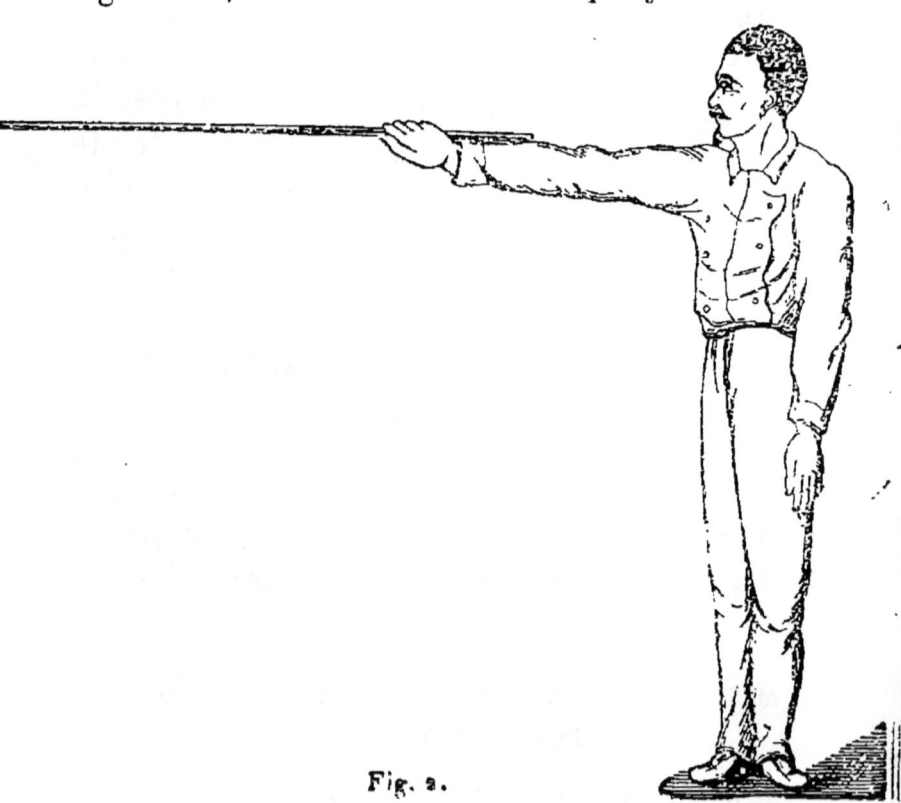

Fig. 2.

bras droit, le saisir à $0^m,10$ du gros bout avec la main gauche, les ongles en dessous, la main au-dessous du teton gauche, les coudes au corps, le bout du bâton à hauteur des yeux (fig. 3).

Fig. 6.

3. Fléchir sur les jambes, et porter le pied droit à 0™,50 en avant, vis-à-vis le talon gauche, le corps droit et d'aplomb sur les hanches, les jambes légèrement ployées (fig. 4).

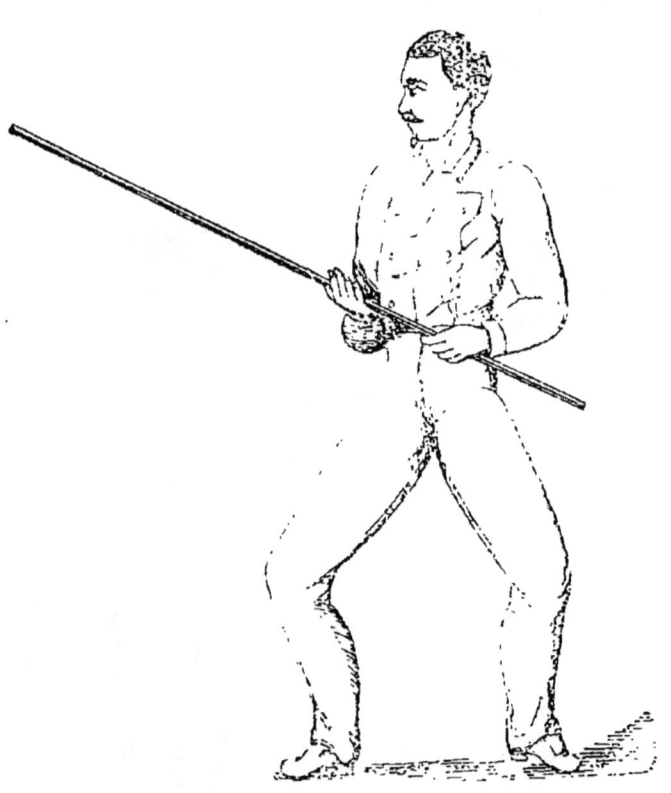

Fig. 4.

ATTENTION.

1. Étant à la position de la garde, rapporter le talon qui est en avant à côté de l'autre, en faisant face en tête, la main droite à hauteur des yeux, le bâton placé horizontalement en avant.

2. Descendre le bâton, et prendre la position décrite ci-dessus (fig. 1).

2ᵉ LEÇON.

Au commandement de CESSEZ, reprendre la position de la garde.

1ᵉʳ Exercice.

Moulinets en 1 temps.

EN POSITION.

COMMENCEZ.

CESSEZ.

EN POSITION. — Élever le bâton horizontalement au-dessus de la tête, en allongeant les bras, les mains réunies; avancer l'épaule gauche, en pivotant sur la pointe

194   MANUEL

du pied gauche et en élevant légèrei.
talon (fig. 5).

1. — Faire décrire au bâton, en accé-

Fig. 5.

lérant le mouvement, un cercle de gauche
à droite (ou de droite à gauche), en ouvrant
légèrement les trois derniers doigts (fig. 6).

Fig. 6.

196   MANUEL

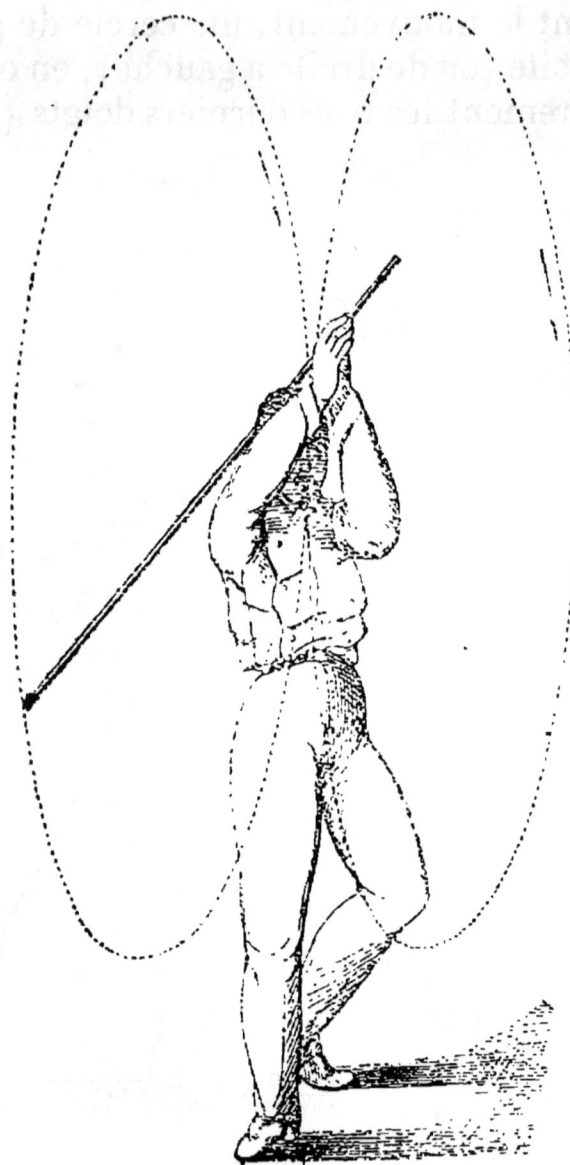

Fig. 7.

Fig. 8.

2ᵉ Exercice.

Brisés en 2 temps.

EN POSITION.

COMMENCEZ.

CESSEZ.

En position. — Prendre la position du 1ᵉʳ exercice, prescrite ci-dessus (fig. 5).

1. Faire décrire au bâton un cercle à droite, de haut en bas, en ouvrant légèrement les trois derniers doigts.

2. Exécuter à gauche les mêmes mouvements, et continuer ainsi alternativement, en imprimant au bâton une vitesse progressive (fig. 7 et 8).

3ᵉ Exercice.

Enlevés en 2 temps.

EN POSITION.

COMMENCEZ.

CESSEZ.

En position. — Prendre la position prescrite au 1ᵉʳ exercice ci-dessus.

1. Faire décrire au bâton un cercle à gauche, de bas en haut, en ouvrant légèrement les trois derniers doigts.

Fig. 9.

2. Exécuter à droite le même mouvement, et continuer ainsi alternativement, en imprimant au bâton une vitesse progressive (fig. 9 et 10).

4ᵉ Exercice.

En avant (ou en arrière) par des moulinets (brisés ou enlevés).

MARCHE.

1. Exécuter les mouvements ci-dessus, comme ils viennent d'être expliqués, en portant un pied alternativement à environ 0^m,50 en avant (ou en arrière) de l'autre pied, au moment de l'exécution du mouvement.

HALTE.

1. S'arrêter et reprendre la position de la garde.

3ᵉ LEÇON.

1ᵉʳ Exercice.

Parade de tête, les mains écartées.

EN POSITION.

1. Élever le bâton horizontalement au-

Fig. 10.

dessus et un peu en avant de la tête, en avançant l'épaule gauche et en tendant le jarret gauche; faire glisser en même temps la main droite le long du bâton, jusqu'à l'écartement d'un mètre, les bras allongés (fig. 11 et 12).

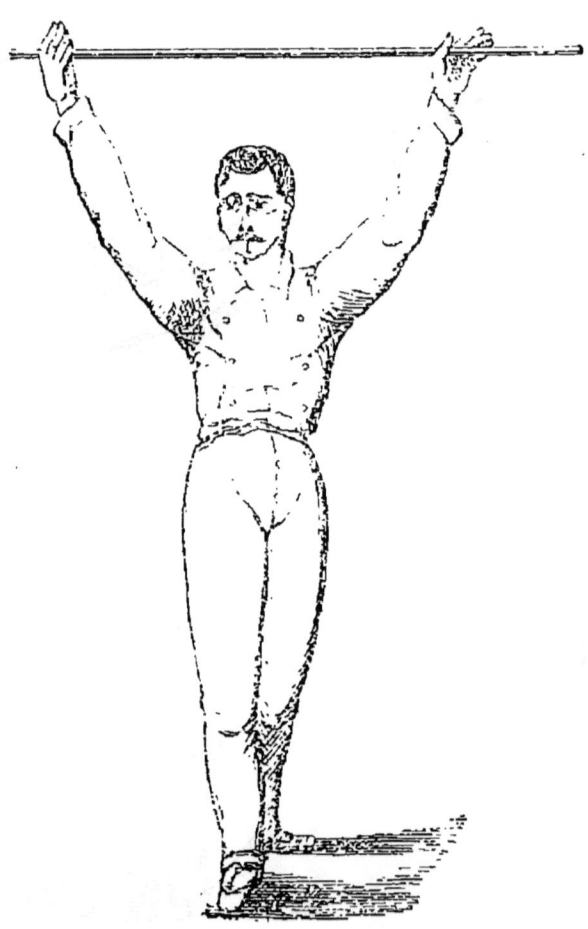

Fig. 11.

DE GYMNASTIQUE.

EN GARDE.

1. Reprendre la position de la garde.

2ᵉ Exercice.

Parade de tête, les mains réunies.

EN POSITION.

1. Élever le bâton horizontalement au-

Fig. 12.

dessus et un peu en avant de la tête, en étendant vivement les bras de toute leur longueur vers la gauche, les mains réunies, le jarret gauche tendu (fig. 13).

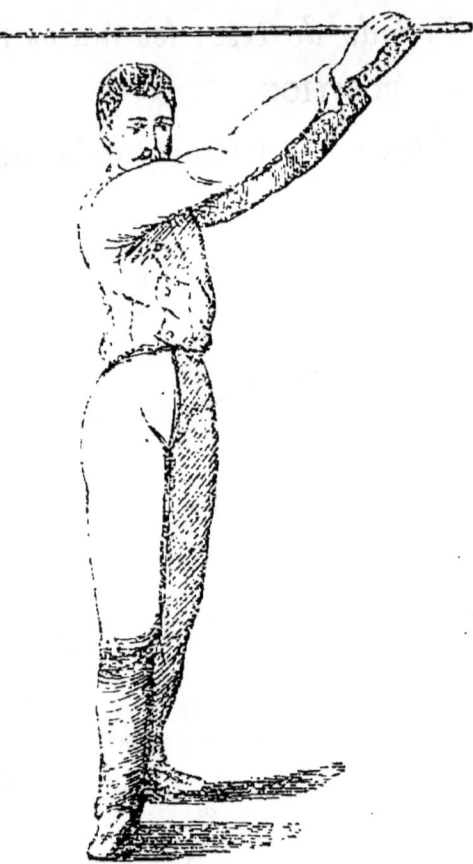

Fig. 13.

EN GARDE.

1. Reprendre la position de la garde.

3ᵉ Exercice.

Parade de corps, les mains écartées.

EN POSITION.

Fig. 14.

1. Placer le bâton verticalement en avant du corps en faisant glisser la main droite, le long du bâton, jusqu'à l'écartement d'un mètre, la main gauche à hauteur des yeux, les bras allongés, le jarret gauche tendu (fig. 14).

EN GARDE.

1. Reprendre la position de la garde.

4ᵉ **Exercice.**

Parade de corps, les mains réunies.
EN POSITION.

1. Placer le bâton verticalement en avant,

Fig. 15.

en allongeant le bras gauche de toute sa longueur, les mains au-dessus de la tête, le bras droit ployé, le jarret gauche tendu (fig. 15).

EN GARDE.

1. Reprendre la position de la garde.

5ᵉ Exercice.

Parade de tête, les mains écartées en rompant.

EN POSITION.

1. Exécuter ce qui a été dit pour la parade de tête, de pied ferme, porter en même temps le pied droit à 0ᵐ,65 en arrière, en tournant sur la pointe du pied gauche, le jarret droit tendu.

EN GARDE.

1. Reprendre la position de la garde, en portant le pied droit en avant.

6ᵉ Exercice.

Parade de tête, les mains réunies en rompant.

EN POSITION.

1. Allonger les bras de toute leur longueur, en tournant la main gauche, les ongles en dessus, faire glisser la main droite, les ongles en dessous, jusqu'à la main gauche, en avançant l'épaule gauche, le bâton placé horizontalement, le gros bout vis-à-vis du milieu de la poitrine, porter en même temps le pied droit à 0^m,65 en arrière, en tournant sur la pointe du pied gauche, le jarret droit tendu, élever le bâton horizontalement au-dessus et un peu en avant de la tête, en portant vivement les bras vers la droite.

EN GARDE.

1. Reprendre la position de la garde, en portant le pied droit en avant.

7° Exercice.

Parade de corps, les mains écartées en rompant.

EN POSITION.

1. Exécuter ce qui a été prescrit pour la parade de corps, de pied ferme, porter en même temps le pied droit à 0^m,65 en arrière, en tournant sur la pointe du pied gauche, le jarret tendu.

EN GARDE.

1. Reprendre la position de la garde, en portant le pied droit en avant.

8ᵉ Exercice.

Parade de corps, les mains réunies en rompant.

EN POSITION.

1. Exécuter ce qui a été prescrit au 6ᵉ exercice, pour la parade de tête; porter le pied droit à 0ᵐ,65 en arrière, en tournant sur la pointe du pied gauche, le jarret droit tendu, placer en même temps le bâton verticalement en avant du corps, les mains au-dessus de la tête, le bras gauche ployé, le bras droit allongé.

EN GARDE.

1. Reprendre la garde en portant le pied droit en avant.

4ᵉ LEÇON.

1ᵉʳ Exercice.

Coup de bout de pointe.

EN POSITION.

1. Rapporter le talon droit contre le gauche, les pieds en équerre en se relevant, placer en même temps le talon du

bâton en arrière, en allongeant le bras gauche de toute sa longueur, le bâton glissant horizontalement dans la main droite (fig. 16).

FENDEZ-VOUS.

1. Se fendre en portant le pied droit en avant, de manière que le genou devienne perpendiculaire au milieu du pied, le jar-

Fig. 16.

ret gauche tendu; ramener en même temps, le bâton horizontalement en avant, en le faisant glisser dans la main droite, le bras gauche raccourci, la main serrant fortement le bâton, le bras droit presque allongé, les mains au-dessous du teton (fig. 17).

EN GARDE.

1. Se relever et prendre la position de la garde.

Fig. 17.

2ᵉ Exercice.

Coup de bout de talon.

EN POSITION.

1. Tourner sur la pointe du pied droit en se relevant, et porter le talon gauche en avant et contre le droit, les pieds en équerre ; ramener en même temps la pointe du

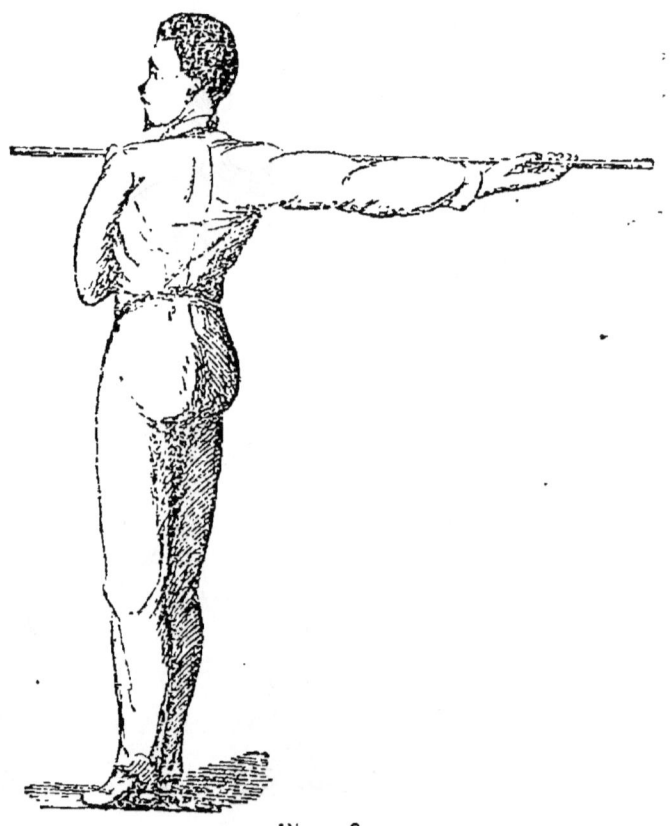

Fig. 18.

bâton en arrière en allongeant le bras, le bâton placé horizontalement (fig. 18).

FENDEZ-VOUS.

1. Se fendre du pied gauche, en ramenant le bâton en avant, le bras gauche presque allongé, le bras droit raccourci (fig. 19).

EN GARDE.

1. Tourner sur la pointe du pied droit en se relevant et reprendre la garde en portant le pied gauche en arrière du droit.

Fig. 19.

3ᵉ Exercice.

Coup de figure à droite.

FENDEZ-VOUS.

1. Exécuter un moulinet de droite à gauche en se fendant du pied droit, et arrêter le bâton à la hauteur de la figure, les bras allongés en avant, la main droite les ongles en dessous, la main gauche les ongles en dessus et à hauteur des épaules (fig. 20).

EN GARDE.

1. Reprendre la position de la garde

4ᵉ Exercice.

Coup de figure à gauche.

FENDEZ-VOUS.

1. Exécuter un moulinet de droite à gauche, en rapportant le talon gauche en avant et contre le droit, les pieds en équerre, le bâton placé horizontalement au-dessus de la tête, les mains à droite (fig. 21, n° 2).

2. Se fendre du pied gauche et donner le coup de figure par un moulinet de gauche à droite, comme ci-dessus, la main droite les ongles en dessus, la main gauche

DE GYMNASTIQUE.   215

Fig. 20.

Fig. 21.

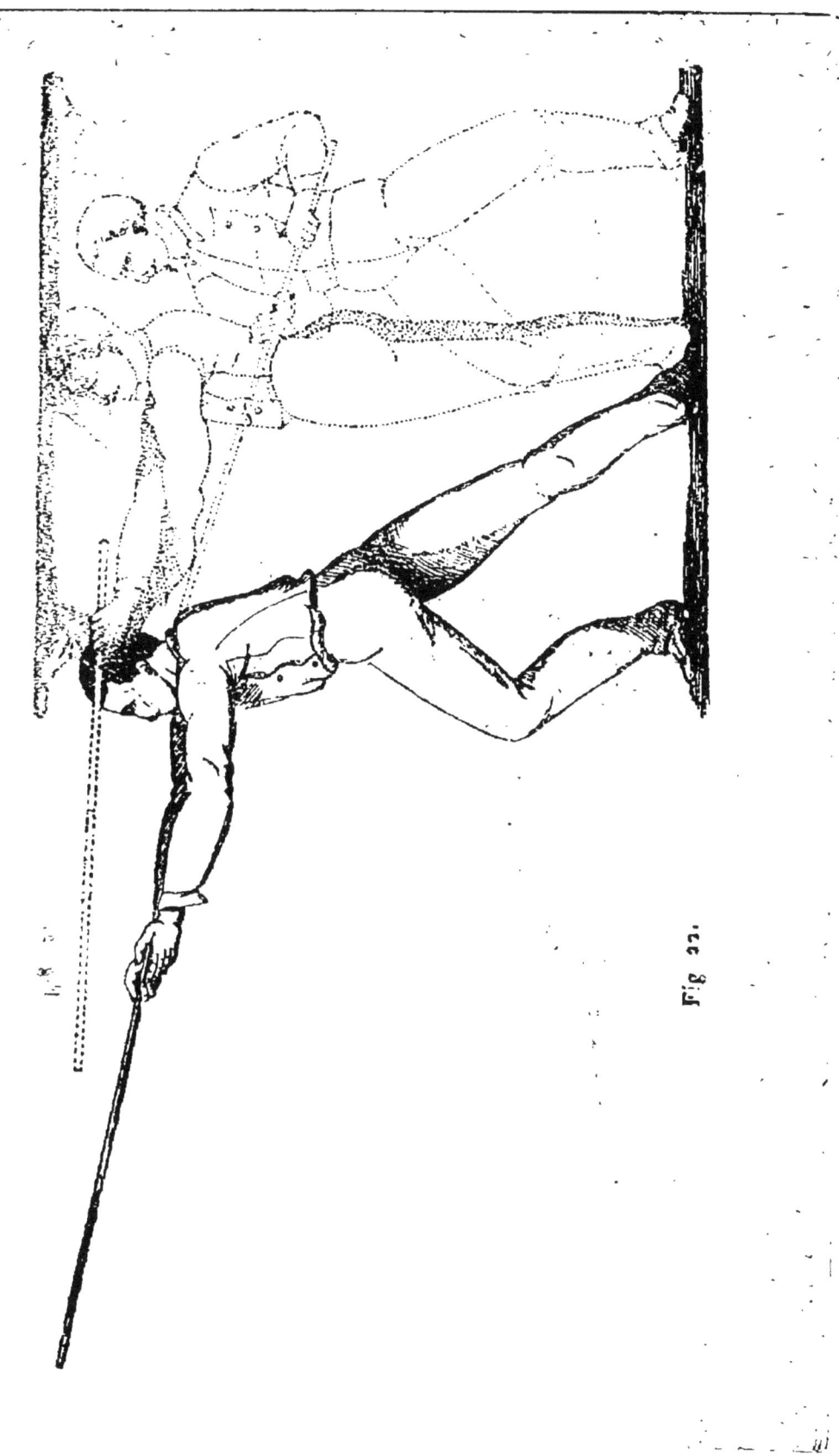

Fig. 22.

les ongles en dessous et à hauteur des épaules (fig. 21, n° 3).

EN GARDE.

1. Reprendre la position de la garde, en portant le pied gauche en arrière du pied droit.

5ᵉ Exercice.

Coup de tête à droite.

FENDEZ-VOUS.

1. Exécuter un brisé à droite, en se fendant du pied droit et arrêter le bâton à hauteur et vis-à-vis le milieu de la tête, les bras allongés en avant, les mains, les pouces en-dessus, à la hauteur des épaules (fig. 20 et 22).

EN GARDE.

1. Reprendre la position de la garde.

6ᵉ Exercice.

Coup de tête à gauche.

FENDEZ-VOUS.

1. Exécuter un brisé à droite en rapportant le talon gauche en avant et contre le pied droit, les mains et le bâton en avant (fig. 22, n° 2).

2. Se fendre du pied gauche et donner

un coup de tête par un brisé à gauche comme il a été prescrit ci-dessus (fig. 22, n° 3).

EN GARDE.

1. Reprendre la position de la garde, en portant le pied gauche en arrière du droit.

7ᵉ Exercice.

Coup de flanc à droite.

FENDEZ-VOUS.

1. Exécuter un enlevé à gauche, en se fendant du pied droit, et arrêter le bâton à la hauteur du flanc, les bras allongés en avant; la main droite les ongles en dessous, et la main gauche les ongles en dessus, à hauteur du menton (fig. 20).

EN GARDE.

1. Reprendre la position de la garde.

8ᵉ Exercice.

Coup de flanc à gauche.

FENDEZ-VOUS.

1. Exécuter un enlevé à gauche en rapportant le talon gauche en avant et contre le pied droit (fig. 22, n° 2).

2. Se fendre du pied gauche et donner un coup de flanc par un enlevé à droite comme il a été prescrit ci-dessus, la main droite les ongles en dessous, la main gauche les ongles en dessus (fig. 21, n° 3).

EN GARDE.

1. Reprendre la position de la garde en portant le pied gauche en arrière du droit.

Art. II. — **Coups composés.**

5e, 6e, 7e, 8e, 9e, 10e, 11e, 12e, 13e
et 14e Leçons.

Combinaison variée des coups décrits dans les quatre premières leçons.

Les 5e, 6e, 7e et 8e leçons s'exécutent sur deux faces, en avant et en arrière; les 9e et 10e sur quatre faces, en exécutant d'abord la leçon face en avant, puis en la répétant sur les trois autres faces en tournant à droite; les 11e, 12e, 13e et 14e aussi sur quatre faces, en exécutant d'abord la la leçon face en avant, puis en la répétant successivement, à trois *autres* reprises, en faisant face en arrière et à droite.

Les leçons s'exécutent au commandement de MARCHE et commencent toujours par 2 ou 3 moulinets et par un sursaut en rassemblant; à cet effet, dès l'exécution du premier moulinet, lever la jambe droite tendue, la replacer à terre, en tournant sur la pointe du pied, et en rapportant le talon gauche en avant contre le pied droit, les pieds en équerre.

En terminant, on se met, si on n'y est déjà, face en avant, et on tombe en garde par un sursaut et 2 (ou 3) moulinets (selon qu'on a commencé par 2 (ou 3) moulinets) et par un brisé à gauche. — Afin de faciliter ce brisé, arrêter le bâton au-dessus de l'épaule droite, la pointe en arrière, après l'exécution du dernier moulinet.

5ᵉ LEÇON (*en 4 temps*).

Deux moulinets en rassemblant, et prendre la position du coup de bout de talon (2 temps); coup de bout de talon (1 temps); parade de tête, les mains écartées (1 temps); faire face en arrière, en tournant sur la pointe du pied gauche, et répéter la leçon.

6ᵉ LEÇON (*en 6 temps*).

Deux moulinets en rassemblant, et arrêter le bâton sur l'épaule droite (2 temps); un brisé à gauche et prendre la position du coup de bout de pointe en tournant sur le talon gauche (2 temps); feinte de coup de bout de pointe et coup de figure (1 temps); venir à la parade de corps, les mains réunies en rompant (1 temps).

7ᵉ LEÇON (*en 7 temps*).

Deux moulinets en rassemblant, et arrêter le bâton sur l'épaule droite (2 temps); feinte du coup de tête par un brisé à gauche, coup de tête par un brisé à droite (2 temps); faire face en arrière en tournant sur les 2 talons, et prendre la position de la parade de corps, les mains réunies (4 temps); coup de flanc (1 temps); parade de tête, les mains écartées (1 temps).

8ᵉ LEÇON (*en 6 temps*).

Deux moulinets en rassemblant, et arrêter le bâton droit devant soi (2 temps); deux enlevés, le premier à droite (2 temps); coup de figure (1 temps); parade de tête, les mains réunies en rompant (1 temps).

9ᵉ LEÇON (*en 5 temps*).

Trois moulinets en rassemblant, parade de tête, les mains réunies (3 temps); coup de figure, parade de tête, les mains écartées, étant fendu (2 temps); faire face à droite, en portant la jambe droite à 0ᵐ,50 sur la droite; répéter la leçon sur les trois autres faces.

10ᵉ LEÇON (*en 8 temps*).

Trois moulinets en rassemblant, et prendre la position du coup de bout de talon (3 temps); coup de bout de talon (1 temps); feinte du coup de bout de pointe en arrière, les bras allongés, en rassemblant (1 temps); parade de corps en avant, les mains réunies (1 temps); coup de flanc (1 temps); parade de tête, les mains réunies, étant fendu (1 temps).

11ᵉ LEÇON (*en 9 temps*).

Trois moulinets en rassemblant et parade de tête, les mains réunies (3 temps); feinte du coup de figure, coup de figure, et prendre la position du coup de bout de pointe en rassemblant (3 temps); feinte du coup de bout de pointe et parade de corps, les mains réunies, en tournant sur la pointe du pied droit (1 temps); coup de flanc et parade de tête, les mains réunies (2 temps); faire face en arrière et à droite, en pivotant sur la pointe du pied gauche.

12ᵉ LEÇON (*en 8 temps*).

Trois moulinets en rassemblant, et placer le bâton sur l'épaule droite (3 temps); deux brisés, le premier à gauche (2 temps); coup de figure, parade de tête, les mains réunies, étant fendu (2 temps); coup de flanc, en exécutant un changement de pied (1 temps); faire face en arrière et à droite.

13ᵉ LEÇON (*en 11 temps*).

Trois moulinets en rassemblant et arrêter le bâton droit devant soi (3 temps); deux enlevés, le premier à droite (2 temps); coup de figure, et prendre la position du coup de bout de pointe (2 temps); coup de bout de pointe (1 temps); faire face en arrière en rassemblant et parade de corps, les mains réunies (1 temps); coup de flanc et parade de tête, les mains réunies (2 temps).

14ᵉ LEÇON (*en 11 temps*).

Trois moulinets en rassemblant, et arrêter le bâton sur l'épaule droite (3 temps); deux brisés, le premier à gauche, et coup de tête (2 temps), prendre la position du coup de bout de pointe (1 temps); coup de bout de pointe (1 temps); faire face en arrière, en tournant sur les deux talons et prendre la parade de corps, les mains réunies (1 temps); coup de flanc, en exécutant un changement de pied, prendre la parade de tête, les mains écartées (3 temps).

CHAPITRE II.

Art. 1er. — **Attaques, parades et ripostes.**

15e Leçon.

1er Exercice. — Attaques par un coup simple.

2e Exercice. — Attaques et parades simples.

16e Leçon.

1er Exercice. — Attaques, parades et ripostes simples.

2e Exercice. — Attaques et parades simples et ripostes diverses.

On doit se conformer aux règles suivantes :

1° Les exercices de cet article s'exécutent en plaçant les élèves, 2 par 2, à 3 pas l'intervalle, de façon que les bâtons s'entre-roisent à 4 ou 5 centimètres de la pointe.

2° Chacun des élèves remplit alternativement le rôle d'instructeur et, dans ce cas, prend la parade du coup porté, ou porte le coup à parer, après avoir commandé l'attaque de la parade correspondante.

3° Chaque fois que l'attaque aura lieu en marchant en avant, la parade devra être faite en rompant.

4° Dès que tous les exercices seront connus, on en fera faire l'application à l'assaut, tout en continuant de surveiller les élèves.

15ᵉ LEÇON.

1ᵉʳ Exercice.

Attaques par un coup simple.

1. { 1. Par le coup de bout de pointe (ou de talon) : ATTAQUEZ.
2. EN GARDE. }

2. Coup de figure à droite (ou à gauche).
3. Coup de tête à droite (ou à gauche).
4. Coup de flanc à droite (ou à gauche).

2ᵉ Exercice.

Attaques et parades simples.

1. { 1. Pour le coup de bout de pointe (ou de talon) : PAREZ (parade de corps).
2. EN GARDE. }

2. Coup de figure à droite (ou gauche) (parade de corps).
3. Coup de tête à droite (ou gauche) (parade de tête).
4. Coup de flanc à droite (ou gauche) (parade de corps).

16ᵉ LEÇON.

1ᵉʳ Exercice.

Attaques, parades et ripostes simples.

Pour la première attaque, on fera riposter par le coup de figure à droite; pour les trois dernières, par le coup même de l'attaque.

1. { 1. Pour le coup de bout de pointe : PAREZ et RIPOSTEZ.
2. EN GARDE.
2. Coup de figure à droite (ou à gauche).
3. Coup de tête à droite (ou à gauche).
4. Coup de flanc à droite (ou à gauche).

2ᵉ Exercice.

Attaques et parades simples et ripostes diverses.

1. { 1. Pour le coup de figure, PAREZ et RIPOSTEZ par le coup de tête.
2. EN GARDE.
2. Coup de tête, PAREZ et RIPOSTEZ par le coup de flanc ou de tête.

3. Coup de flanc, parez et ripostez par le coup de tête ou de figure.

4. Coup de bout de pointe (ou de talon), parez et ripostez par le coup de tête.

Art. II. — Salut et assaut.

On se conforme à la règle suivante : Le salut et l'assaut s'exécutent en plaçant les élèves, 2 par 2, face à face, à 4 pas de distance.

1er Exercice.

Mise en garde en 3 temps.

EN GARDE.

Exécuter la mise en garde, d'après les principes prescrits.

2e Exercice.

Saluez en 8 temps.

MARCHE.

1. Faire un moulinet de droite à gauche, et rapporter le talon droit contre le gauche en tournant sur la pointe du pied gauche, les bras allongés à droite, la tête tournée de ce côté.

2. Faire un deuxième moulinet de droite à gauche en se fendant à droite, et arrêter le bâton à hauteur des yeux, la main droite les ongles en dessous.

3. Se redresser en faisant un moulinet de gauche à droite, et rapporter le talon droit contre le gauche, en tournant sur la pointe du pied gauche, les bras allongés à gauche, la tête tournée de ce côté.

4. Faire un deuxième moulinet de gauche à droite en se fendant à gauche, et arrêter le bâton à hauteur des yeux, la main droite les ongles en dessus.

5. Faire un brisé à gauche, en rapportant le talon gauche derrière le droit, et arrêter le bout du bâton à hauteur des yeux, à la position de la garde.

6. Porter le pied droit à 0ᵐ,50 en avant, à la position de la garde.

7 et 8. Faire deux appels, en frappant légèrement le sol du pied droit.

3ᵉ Exercice.

1ᵉʳ rang, 9ᵉ leçon en 5 temps.

MARCHE.

Le 1ᵉʳ rang exécute la 9ᵉ leçon comme il a été prescrit, en arrêtant la première fois seulement le coup de figure, et en allant ensuite à la parade de tête.

Le 2ᵉ rang prend la parade de corps, et porte un coup de tête.

4ᵉ Exercice.

2ᵉ rang, 12ᵉ leçon en 8 temps.

MARCHE.

Le 2ᵉ rang exécute la 12ᵉ leçon comme il a été prescrit, en arrêtant la première fois seulement le coup de figure et allant ensuite à la parade de tête. Le 1ᵉʳ rang prend la parade de corps et porte un coup de tête.

5ᵉ Exercice.

Saluez en 8 temps.

MARCHE.

Comme il a été prescrit au 2ᵉ exercice ci-dessus.

Assaut.

Pour l'exécution de l'assaut, on se conformera aux principes énoncés dans les exercices précédents, et on observera les règles suivantes :

1° Les adversaires doivent s'attaquer alternativement.

2° On peut porter deux coups immédiatement, comme feinte, et un troisième comme coup véritable.

3° L'adversaire qui est attaqué ne doit riposter qu'autant qu'il a paré et qu'il n'a pas été touché.

4° Si toutefois il était touché, il doit l'annoncer à haute voix (Touché!) et continuer aussitôt, ce qui est alors une nouvelle attaque.

5° Les adversaires doivent éviter de s'attaquer simultanément (ce qui s'appelle coup fourré). Ces attaques sont nulles et très-dangereuses ; elles prouvent que l'élève manque de jugement.

En ce qui concerne la canne, il ne faudra que peu d'étude pour lui adapter les principes du bâton dont elle n'est que le dérivé, le bâton, faisant l'éducation des deux bras avec une tige en bois relativement lourde, rend facile le maniement d'une tige plus légère avec un seul bras déjà exercé ; tandis que si l'on voulait commencer par pratiquer la canne d'abord, puis ensuite le bâton, on aurait à faire l'éducation du bras non exercé et à familiariser l'autre avec le jeu d'un instrument plus lourd. Les leçons de bâton sont donc applicables également à la canne, et il ne suffira que d'un peu de pratique pour les rendre familières d'une main, lorsqu'elles auront été apprises des deux.

La garde est également la même, seulement, la main gauche, devenant libre, est placée derrière le dos. Dans l'application à l'assaut, on pourra parfois, par un changement de garde, utiliser la main gauche (surtout en attaque).

Les exercices de la canne sont, comme ceux du bâton, enseignés par groupes de 10 à 15 hommes, auxquels sont attachés des instructeurs.

Les hommes sont disposés sur deux rangs espacés de 4 pas, et ont entre eux 4 pas d'intervalle.

La canne employée a une longueur en harmonie avec la taille de l'homme qui l'emploie et telle, que, placée verticalement sur le côté du corps, son extrémité supérieure arrive à hauteur de la saillie de la hanche. Elle doit être résistante, provenir d'une gaule en noisetier ou aulne noir, châtaignier ou ormeau, et avoir, à sa base la plus large, un diamètre de 2 centimètres et demi.

Nota. Quand on voudra utiliser les exercices de bâton ou de canne comme moyen d'assouplissement, on pourra, à la rigueur, se borner à ne faire exécuter que les 1re, 2e, 3e, 4e, 15e et 16e leçons.

TABLE DES MATIÈRES.

	Pages.
Bases de l'Instruction	5
Ire Partie. — Gymnastique d'assouplissement	7
Règles générales	10
Chap. Ier. — Exercices d'assouplissement sans armes.	
Art. 1er. Mouvements des bras	12
Art. 2. Flexions du corps et des jambes	18
Chap. II. — Courses et sauts sans armes.	
Art. 1er. Courses	23
Art. 2. Sauts	25
Chap. III. — Exercices d'assouplissement avec armes.	
Article unique. Mouvements des bras et flexions du corps et des jambes	31
Chap. IV. — Courses et sauts avec armes.	
Art. 1er. Courses graduées avec armes	32
Art. 2. Sauts avec armes	33
IIe Partie. — Gymnastique appliquée	36
Règles générales	37
Chap. 1er. — Exercices aux appareils.	
Art. 1er. Barre à suspension	51
Art. 2. Barres parallèles	66
Art. 3. Échelle horizontale	77
Art. 4. Poutre horizontale	79
Art. 5. Planche à rétablissement	88

	Pages.
Chap. II. — Exercices au portique et à ses agrès.	
Art. 1ᵉʳ. Portique....................	92
Art. 2. Échelle inclinée...............	93
Art. 3. Perches (fixes et oscillantes), cordes à nœuds et lisses....................	99
Art. 4. Anneaux.......................	102
Art. 5. Trapèze.......................	106
Observations sur l'emplacement à choisir pour l'installation d'un gymnase et sur la construction et l'entretien des machines gymnastiques........................	111
IIIᵉ Partie. — Natation..................	116
Règles générales.......................	118
Chap. Iᵉʳ. — Exercices à sec.	
Art. unique. Exercices préparatoires sans chevalet, puis avec le chevalet.........	119
Chap. II. — Exercices dans l'eau.	
Art. 1ᵉʳ. Moyens de nager et de plonger...	130
Art. 2. Installation et matériel des écoles de natation. Règles à suivre dans ces écoles.	134
Art. 3. Principales applications de la natation pour un militaire................	145
IVᵉ Partie. — Boxe française..............	153
Règles générales.......................	154
Chap. 1ᵉʳ. — Art. 1ᵉʳ. Coups simples........	154
Art. 2. Coups composés.................	170
Chap. II. — Art. 1ᵉʳ. Attaques, parades et ripostes...........................	176
Art. 2. Salut et assaut.................	181

Ve PARTIE. — BÂTON et CANNE..................	185
Règles générales........................	186
CHAP. 1er. Art. 1er. Coups simples............	187
Art. 2. Coups composés.................	220
CHAP. II. — Art. 1er. Attaques, parades et ripostes............................	225
Art. 2. Salut et assaut.................	228